Christine Böckelmann, Regula Hug (Hrsg.)
Mosaik Begabungsförderung
Konzepte und Erfahrungen aus dem Schulfeld

verlag
pestalozzianum

Dank
Allen Fachleuten, die uns auf dem Weg zu diesem Buch über Begabung und Hochbegabung im Schulfeld mit vielen konstruktiven Gesprächen motiviert und begleitet haben.

© 2004 Verlag Pestalozzianum an der Pädagogischen Hochschule Zürich
www.verlagpestalozzianum.ch

Herausgeberinnen
Regula Hug (Buchinitiantin)
Christine Böckelmann

Fachredaktion
Einführung und Erfahrungsberichte: Barbara Baumann

Fachliche Beratung
Regula Stiefel Erb, Pädagogische Hochschule Zürich

Redaktionelle Mitarbeit
Marikita Gschwend, Schul- und Sportdepartement der Stadt Zürich

Lektorat
Barbara Kugler, Verlag Pestalozzianum

Fotos
Seiten 5, 23, 95 und 117: InterConnections – Anita Troller (im Auftrag des Schul- und Sportdepartements der Stadt Zürich), Porträts von November 2003 im Schulhaus Am Wasser, Zürich
Seite 34: Willi Fessler und Jürg Willimann
Seiten 56–59: Barbara Baumann

Gestaltung Umschlag und Inhalt, Herstellung
Vera Honegger, Pädagogische Hochschule

Druck
Fotorotar, Egg ZH

ISBN 3-03755-023-6

Inhalt

Vorwort (Stadträtin Monika Weber)	5
Einführung Zu diesem Buch (Barbara Baumann)	9 10
Universikum: Das Pionierprojekt der Stadt Zürich (Regula Hug)	12
Begabungs-, Begabten- und Hochbegabtenförderung (Christine Böckelmann)	17
Erfahrungsberichte	23
Begabungsförderung im Unterricht (Barbara Baumann)	24
Mosaikstein 1: Das Kind im Mittelpunkt des Unterrichts	26
Mosaikstein 2: Lernzieldifferenzierter Unterricht	32
Mosaikstein 3: Wochenplanunterricht	37
Mosaikstein 4: Farben- und Formenlehre im Universikum	42
Begabungs- und Begabtenförderung im Schulhausteam (Barbara Baumann)	49
Mosaikstein 5: Unterrichtsentwicklung als Teamarbeit	51
Mosaikstein 6: Lernatelier	54
Mosaikstein 7: Früheinschulung eines Kindes	60
Mosaikstein 8: Überspringen ohne Klassenwechsel?	64
Mosaikstein 9: Teilunterricht in einer höheren Klasse und Überspringen	69

Hochbegabtenförderung als spezifische Gruppen- und Einzelförderung 73
(Barbara Baumann)
Mosaikstein 10: Förderung eines Minderleisters 75
Mosaikstein 11: Förderung Hochbegabter in Kleingruppen 80
Mosaikstein 12: Freiräume für hochbegabte Kinder 84
Mosaikstein 13: Einblick in einen Universikumkurs 88

Universikum, das Begabtenfördermodell der Stadt Zürich 95
Das Modell Hochbegabtenförderung der Stadt Zürich 96
(Regula Hug)

Hochbegabte Kinder 97
(Ute Ammann-Biesterfeld)

Die Pädagogik im Universikum 103
(Regula Hug)

Die Wahlfachkurse Universikum 106

Liste mit Merkmalen, die auf Hochbegabung hinweisen können 108

Verfahren beim Überspringen 114

Anhang 117
Glossar 118
Literaturverzeichnis 121
Bildnachweis 124
Internetseiten 124
Autorinnen und Autoren 126
Fachredaktorin 127
Herausgeberinnen 128

Vorwort

Die bildungspolitische Diskussion zur Hochbegabtenförderung in der Schweiz hat sich rasant entwickelt, seit die Stadt Zürich 1995 begann, sich mit der Hochbegabtenförderung auseinander zu setzen. Einen wichtigen Beitrag zu dieser Diskussion haben verschiedene schweizerische Studien geleistet, insbesondere diejenige über das städtische Projekt *Begabtenförderung in Volksschulklassen der Stadt Zürich* sowie der Bericht der Bildungsdirektion zur *Hochbegabtenförderung im Kanton Zürich,* welcher Begabungsförderung als Aufgabe sämtlicher Bildungsstufen betrachtet. Das Schul- und Sportdepartement sieht sich in seiner Strategie einer *begabungsentwickelnden Schule* für alle bestätigt und stimmt damit mit dem staats- und bildungspolitisch wichtigen Grundsatz der Volksschule, eine Schule für alle Kinder zu sein, überein.

Der Stadtrat hat am 19. Juni 2002 Richtlinien der Vorsteherin des Schul- und Sportdepartements für die Hochbegabtenförderung in der Stadt Zürich genehmigt und damit betont, dass sich die Begabtenförderung der Stadt Zürich auf die individuelle Persönlichkeitsentwicklung und nicht auf eine marktorientierte Elitebildung ausrichten soll. Die Begabtenförderung soll nicht in den Privatschulbereich abgedrängt werden, sondern eine wichtige Aufgabe der Volksschule selbst darstellen, indem sie allen Kindern – auch solchen aus finanzschwachen oder bildungsfernen Familien – die gleichen Entfaltungschancen ermöglicht. Die Verankerung des Universikum (Wahlfachkurse für hochbegabte Kinder) in der Volksschule geht vom staatspolitisch und demokratisch begründeten Grundgedanken aus, dass die Volksschule eine Schule für alle Kinder ist. Hochbegabte Kinder werden deshalb integriert innerhalb der Volksschule gefördert.

Aufgrund des zunehmenden Erfolges und der permanenten Optimierung während sechs Schuljahren konnten das Projekt «Begabtenförderung in Volksschulklassen der Stadt Zürich» per Ende Schuljahr 2003/04 abgeschlossen und die Wahlfachkurse Universikum im Rahmen der Volksschule definitiv eingeführt werden. Damit hat die Stadt Zürich einen Meilenstein setzen können, der mich ausserordentlich freut: Für alle unsere Schulkinder, die von der Qualitätsentwicklung im Unterricht profitieren können, und für die hochbegabten Kinder, welche begabungsfördernde Massnahmen wie das Universikum besuchen dürfen. Doch vor allem bin ich stolz auf unsere Lehrerinnen und Lehrer, die sich so mutig und engagiert für eine entwicklungsfreundliche Schule einsetzen! Sie sind die Schlüsselpersonen für die Entwicklung unserer Schülerinnen und Schüler.

Stadträtin Monika Weber
Vorsteherin des Schul- und Sportdepartements
der Stadt Zürich

Zürich, im Mai 2004

Einführung

**Der Mensch ist ein Wesen
mit der Möglichkeit zu neuen Wirklichkeiten.
Aristoteles**

Zu diesem Buch

Barbara Baumann

Begabten- und Hochbegabtenförderung wurde in den letzten Jahren im Schulfeld intensiv thematisiert. In vielen Gemeinden wurden Konzepte entwickelt und deren konkrete Umsetzung geplant. Oft zeigte sich erst nach einer Anfangsphase, wie zentral die Förderung von besonders begabten und hochbegabten Kindern mit dem Thema der Unterrichtsentwicklung sowie der Zusammenarbeit in den Lehrerinnen- und Lehrerteams verknüpft ist. Einen Meilenstein in dieser Entwicklung bildete die Arbeit der Schweizerischen Koordinationsstelle für Bildungsforschung, welche 1999 den Trendbericht «Begabungsförderung in der Volksschule – Umgang mit Heterogenität» veröffentlichte. Die Förderung von Kindern, die sich durch besondere Begabungen auszeichnen, wurde in den Kontext des Umganges mit Heterogenität im normalen Schulalltag gestellt.

Eines der grössten Hochbegabtenförderprojekte in der deutschen Schweiz, das Projekt «Begabtenförderung in Volksschulklassen der Stadt Zürich», wird im Sommer 2004 abgeschlossen und mit Beginn des Schuljahres 2004/05 in ein definitives Angebot «Universikum» überführt. Dieser Entscheid war Anstoss für die Herausgabe des vorliegenden Buches. Während des sechsjährigen Projektverlaufs konnten die daran Beteiligten reichhaltige Erfahrungen sammeln, vor allem im Verständnis für das hochbegabte Kind sowie in der Pädagogik für einen begabungsfördernden Unterricht. Die Stadt Zürich will in Zusammenarbeit mit der Pädagogischen Hochschule Zürich diese Erkenntnisse einer breiten Öffentlichkeit zugänglich machen.

Nach einer Beschreibung des Stadtzürcher Projekts Universikum und einer kurzen theoretischen Einführung in das diesem Buch zugrunde liegende Verständnis der Verschränkung von Begabungs-, Begabten- und Hochbegabtenförderung öffnen im zweiten Teil des Buches Lehrerinnen und Lehrer, die zum Teil in der Stadt Zürich und zum Teil auch ausserhalb unterrichten, ihre Schulstuben. In einzelnen «Mosaiksteinen» aus der Praxis beschreiben sie, wie ein begabungsfördernder Unterricht konkret aussieht und wo in der Praxis Schwierigkeiten und Stolpersteine auftreten. Die Beiträge zeigen weiter auf, warum sich Lehrpersonen dazu entschliessen, eine bestimmte Massnahme zu ergreifen und welche Vorteile sich daraus für die Kinder ergeben.

Der dritte Teil bietet Einblick in das Begabtenfördermodell der Stadt Zürich mit seinen konkreten Instrumenten zur Organisation des Universikum.

Als Orientierungshilfe finden sich im Anhang ein Glossar mit den wichtigsten Fachbegriffen sowie Hinweise auf Internetseiten zum Thema Begabungsförderung.

Universikum: Das Pionierprojekt der Stadt Zürich

Regula Hug

Die Entwicklung des Projekts

Während sechs Jahren (1998 bis 2004) erprobte die Stadt Zürich, wie Schülerinnen und Schüler, die ihren Alterskamerad/innen in ihrer intellektuellen Entwicklung weit voraus sind, adäquat gefordert werden können. 27'000 Schülerinnen und Schüler von Kindergarten bis 9. Klasse besuchen die Volksschule der Stadt Zürich. 600 Lehrerinnen und Lehrer der Stadt Zürich nahmen an den Fortbildungen zur Begabtenförderung teil. Über 1'000 besonders oder hoch Begabte konnten vom Projekt Begabtenförderung profitieren – sei es mit Überspringen oder mit dem Besuch eines Universikumkurses. In den sechs Jahren entwickelte sich unter den teilnehmenden Kindern der Mädchenanteil auf beachtliche 45%. Auch hochbegabte Kinder aus bildungsfernen Schichten waren zunehmend vertreten.

Die Entwicklung des Projekts «Begabtenförderung in Volksschulklassen der Stadt Zürich» kann in fünf Phasen gegliedert werden, nämlich Initialisierung, Voranalyse, Konzept, Realisierung und Einführung (vgl. Hug, 2002):

1. Initialisierung
Ein parlamentarischer Vorstoss im Jahr 1995 bittet den Stadtrat zu prüfen, wie in der Volksschule noch vermehrt auf die besonderen Bedürfnisse hochbegabter Schülerinnen und Schüler eingegangen werden kann.

2. Voranalyse
Eine Arbeitsgruppe des Stadtrats, bestehend aus Vertretungen der Lehrerschaft und dem Schulpsychologischen Dienst, erarbeitet einen Massnahmenkatalog als Grundlage für ein Entwicklungsprojekt. Der Massnahmenkatalog umfasst drei Bereiche:
- Weiterbildung der Kindergärtnerinnen und Lehrpersonen aller Stufen sowie der Schulpsychologischen Dienste (Erkennen und Fördern auf allen Schulstufen, Diagnose und Förderansätze);
- Anreicherung (Differenzierung im Unterricht, unterstützende und beratende Fachlehrpersonen);

– Beschleunigung (Früheinschulung und Überspringen, Teilunterricht in höheren Klassen, Unterrichtsdispens).

Zusätzlich erwähnt wird die Oberstufenschule Kunst und Sport «K+S»[1], welche den Sekundarschulstoff (7.–9. Klasse) in kompakter Form anbietet, so dass künstlerisch oder sportlich begabte Jugendliche genügend Zeit für die Entfaltung ihres besonderen Talents haben. Klar ersichtlich wird, dass Begabtenförderung nicht kostenlos sein kann und kantonale Gesetze und Verordnungen tangiert werden. Die Arbeitsgruppe des Stadtrats schlägt deshalb einen dreijährigen Versuch vor, dessen Finanzierung vom Gemeinderat bewilligt wird.

3. Konzept

Um den Massnahmenkatalog für eine Umsetzung nutzen zu können, will die Projektgruppe des Schul- und Sportdepartements (Vertretungen aus Behörde, Kindergarten, Primarschule und Schulpsychologie sowie eine hochbegabte Schülerin) drei Hauptbereiche klären:
– Was ist ein begabtes Kind? In welchem Spannungsfeld steht es zu gesellschaftlichen Ansprüchen? Welches ist seine Schülerrolle? Das Schul- und Sportdepartement gibt der Psychoanalytikerin Ute Ammann-Biesterfeld den Auftrag, einen Artikel zum Thema Hochbegabung in unserer Gesellschaft zu schreiben (vgl. S. 97ff.).
– Welche Weiterbildung brauchen die Lehrpersonen der Stadt Zürich für den Umgang mit Kindern mit besonderen Fähigkeiten? Wie werden die «richtigen» Kinder für die geplanten Massnahmen erkannt? Welches ist das Anforderungsprofil für geeignete Fachlehrpersonen in diesem Versuch? Im Auftrag des Schul- und Sportdepartements erarbeiten Ania Chumachenco, Joëlle Huser und Bettina Tillmann die Stadtzürcher Wahlfachkurse Universikum für hochbegabte Schülerinnen und Schüler.[2]
– Wie kann die Wirkung der vorgeschlagenen Massnahmen überprüft werden? Das Schul- und Sportdepartement beauftragt Dr. Margrit Stamm vom Institut für Bildungs- und Forschungsfragen im Schulbereich in Aarau mit der externen wissenschaftlichen Evaluation, um die Wirkung dieses Pilotversuchs zu überprüfen.

---

1 Seit 2002 führt das Schul- und Sportdepartement auch eine Mannschaftssportartenklasse analog der K+S.
2 Die Pilotversion von Universikum und der damalige Beobachtungsbogen wurden mit freundlicher Genehmigung vom Schul- und Sportdepartement im Buch *Lichtblick für helle Köpfe* (vgl. Huser 2001, S. 49–54 und S. 112–114) publiziert.

4. Realisierung und Evaluation

Mit Projektstart am 1. März 1999 besuchen 80 Schülerinnen und Schüler der Volksschule 10 Universikumkurse und ein Sommercamp. Akzeptanz und Qualität des Projekts werden gemäss einem Zwischenbericht von Stamm als sehr gut bezeichnet (vgl. Stamm, 2001, S 4ff). 40% der Lehrerschaft der Stadt Zürich nutzen die Informationsveranstaltungen über das Universikum und die Begabtenförderung der Stadt Zürich. Positive Auswirkungen für das einzelne begabte Kind sind die Verbesserung seines Wohlbefindens und die Förderung der individuellen Persönlichkeitsentwicklung. Allgemein lässt sich feststellen, dass in den Förderkursen ein breites Begabungsspektrum berücksichtigt wird und der Mädchenanteil unter den Teilnehmenden gegenüber dem Start erhöht werden konnte. Nach der Analyse und Bewertung des Zwischenberichts leitet die Stadt erste Projektoptimierungen ein. Abschliessend stellt Stamm (2001, S. 6ff) fest: «Das Projekt darf sich sehen lassen: In den Augen der meisten, auch der sich selbst als eher kritisch bezeichnenden Beteiligten und Betroffenen, stellt der Pilotversuch eine notwendige, in kurzer Zeit professionell aufgebaute Konzeption dar. Die Stadt Zürich hat mit ihrem Projekt dreierlei erreicht: Erstens ist es ihr gelungen, ein Modell zu etablieren, das sich durch grosse Akzeptanz der Beteiligten- und Betroffenengruppen, insbesondere auch der Eltern und förderberechtigten Kinder, auszeichnet. (...) Dank der externen, kontinuierlichen Evaluation kann das Projekt gezielt optimiert werden. Zweitens hat sich die Stadt Zürich damit zur Vielschichtigkeit der Thematik ‹hochbegabte Kinder› eine umfassende Expertise erarbeitet, die in diesem Bereich bis anhin in der Schweiz ihresgleichen sucht. Drittens ist es ihr gelungen, eine gewisse Sensibilisierung für die Hochbegabtenförderung auszulösen, die positive Auswirkungen auf den Unterricht vieler Lehrerinnen und Lehrer hat.»

5. Einführung

Der positive Schlussbericht ermöglicht die Projektverlängerung um drei weitere Schuljahre mit dem Ziel, in den Jahren 2001 bis 2004 die Begabtenförderung im Schulalltag zu implantieren und mittels Aufbau einer Fachstelle Begabtenförderung zu optimieren. Der zentrale Arbeitsschwerpunkt in der Einführungsphase bezieht sich auf die Förderkurse im Universikum, welche hochbegabte Schülerinnen und Schüler der Volksschule der Stadt Zürich in Interessengruppen zusammenfasst.

Überlegungen während der Projektentwicklung

Sensibilisierung
Mit Projektstart im Jahr 1997 betrat die Stadt Zürich bildungspolitisches Neuland. Unklar war zum Beispiel, wer diese hochbegabten Kinder wohl seien und ob sie in Quartieren wie Schwamendingen oder Aussersihl[3] überhaupt zu finden wären; ob hochbegabte Kinder nicht einfach in eine Privatschule geschickt werden können oder warum mehr Knaben als Mädchen für das Universikum angemeldet werden. Es ging also zuerst um ganz allgemeine Information über Hochbegabung und um die Sensibilisierung für die Situation eines hochbegabten Kindes im Regelklassenunterricht (vgl. S. 97ff.).

Begabungsfördernde Pädagogik
Für die Stadt Zürich war wichtig zu erkennen: Vor allem die Eigenmotivation eines begabten Kindes entscheidet, ob es hohe Schulleistungen erbringen kann (Stamm, 2003). Begriffe wie «Pauken» und «Dozieren» stellen den Lerneffekt in Frage. «Aktiv entdeckendes Lernen» oder «forschendes Lernen» werden relevant für den begabungsfördernden Unterricht (Brunner, 2001).

«Fleissige Mädchen und begabte Knaben»[4]
In der Pilotphase wurden mehrheitlich Knaben für die Universikumkurse angemeldet. Dass hochbegabte Mädchen zu den Risikogruppen gehören sollen, welche seltener als hochbegabt erkannt werden (Stamm, 2000; Stapf, 2003, S. 63–87), erstaunt auf den ersten Blick, erbringen sie doch im Durchschnitt die besseren Schulleistungen. Im Gespräch mit Lehrpersonen und Fachpersonen fand die Stadt Zürich heraus, dass bei gleich guten Schulleistungen Knaben eher als begabt und Mädchen als fleissig eingeschätzt werden. Oder anders gesagt: Knaben überschätzen sich bezüglich ihrer Leistung, Mädchen hingegen unterschätzen sich. Zudem besteht die Tendenz, dass Mädchen im Klassenverband integriert und akzeptiert sein möchten, während Knaben eher gegen Langeweile im Unterricht opponieren und dadurch der Lehrperson auffallen. Mit regelmässigen Informationen und Kursen konnte die Stadt Zürich den Mädchenanteil deutlich verbessern: seit 2001 ist er konstant bei 45%.

---

3 Die Bevölkerungsstruktur in den Schulkreisen Schwamendingen und Aussersihl fällt auf bezüglich sozialer Struktur (Bildungsferne) und Ausländeranteil.
4 Kurstitel des Kursprogramms der Stadt Zürich zur Begabungsentwicklung für alle.

Ausrichtung der Hochbegabtenförderung
Während der Projektphase gelangten verschiedene Anträge an das Schul- und Sportdepartement, hochbegabte Kinder privat zu schulen. Die Zürcher Volksschulgesetzgebung kennt jedoch die Übernahme von Privatschulkosten nur im Bereich der Sonderschulung und nicht für hochbegabte Kinder. Damit verbunden ist die positive Wertung und klare Aussage zu Gunsten einer qualitativ hoch stehenden, vielfältigen Volksschule. «Wichtig ist, dass sich die Begabtenförderung der Stadt Zürich auf die individuelle Persönlichkeitsentwicklung und nicht auf eine marktorientierte Elitebildung ausrichtet.» (Stamm, 2001, S.6). Die Begabtenförderung soll nicht in den Privatschulbereich abgedrängt werden, sondern stellt eine wichtige Aufgabe der Volksschule dar, die allen Kindern – auch solchen aus finanzschwachen oder bildungsfernen Familien, die auf innerschulische Angebote angewiesen sind – die gleichen Entfaltungschancen ermöglichen soll. Die Verankerung des Universikum in der Volksschule geht vom staatspolitisch und demokratisch begründeten Grundgedanken aus, dass die Volksschule eine Schule für alle Kinder ist. Hochbegabte Kinder werden daher integriert innerhalb der Volksschule gefördert. Durch geschickte Unterrichtsgestaltung können ihre persönlichen Bedürfnisse Berücksichtigung finden. Bei Bedarf können Massnahmen im Klassenunterricht zusätzlich mit jahrgangsübergreifenden schulhausinternen Angeboten, mit Überspringen (Bähr, 2002) und mit dem Universikum kombiniert werden.

Begabungs-, Begabten- und Hochbegabtenförderung

Christine Böckelmann

Die Volksschule hat den allgemeinen Grundauftrag und das Ziel, die Begabungen aller Kinder und Jugendlichen zu fördern und ihnen vergleichbare Entwicklungschancen zu bieten. In den letzten Jahren hat dieser Auftrag eine neue Akzentuierung erhalten: Das Bewusstsein wächst, dass die Fähigkeiten und Leistungsstände der Schülerinnen und Schüler in den Jahrgangsklassen sehr verschieden sind. Parallel dazu hat sich der Anspruch erhöht, auf die individuellen Entwicklungssituationen der Kinder und Jugendlichen mit einer entsprechend individuellen Unterstützung zu reagieren. Die Heterogenität in Schulklassen ist eine zentrale Herausforderung im Alltag der Volksschule (vgl. Gretler & Grossenbacher, 1999).

Die Volksschule nimmt durch ihre integrative Ausrichtung eine wichtige gesellschaftliche Funktion wahr: Im schulischen Kontext lernen Kinder und Jugendliche, in den unterschiedlichsten heterogenen Konstellationen zusammenzuarbeiten und sich zurechtzufinden. Sie lernen nicht nur das Zusammenleben mit Menschen, welche verschiedenste Lernvoraussetzungen haben, sondern auch mit Menschen unterschiedlicher kultureller und sozialer Herkunft und ungleichen Wertvorstellungen. Das integrative Ziel der Volksschule ist vor dem Hintergrund dieser mehrdimensionalen Heterogenität in Schulklassen anspruchsvoll.

In Bezug auf die verschiedensten Lernvoraussetzungen von Schülerinnen und Schülern müssen Lehrpersonen zum einen in der Lage sein, unterschiedliche Begabungen zu erkennen. Zum andern geht es darum, vielfältige Methoden zu deren Förderung und Entwicklung anwenden zu können. Die Versuchung ist gross, auf die Wahrnehmung von Heterogenität in Bezug auf Lernvoraussetzungen nicht mit der Weiterentwicklung des Unterrichts zu reagieren, sondern mit Separation oder Teilseparation von immer mehr Kindern und Jugendlichen. So hat die Zahl der Fördermassnahmen, welche ausserhalb des Regelunterrichts stattfinden, in den letzten Jahren kontinuierlich zugenommen – auch bei Kindern mit besonders guten Lernvoraussetzungen. Die Integrationsfähigkeit der Volksschule hat abgenommen (Bless & Kronig, 2000).

Als Verständigungsgrundlage in Bezug auf die verschiedenen Möglichkeiten, welche für die Förderung von Kindern mit besonders guten Lernvoraussetzungen diskutiert werden, schlägt eine Arbeitsgruppe der EDK-Ost (Erziehungsdirektorenkonferenz der Ostschweizer Kantone und des Fürstentums Liechtenstein) vor, zwischen den Begriffen «Begabung», «besondere Begabung» und «Hochbegabung» sowie entsprechend zwischen «Begabungsförderung», «Begabtenförderung» und «Hochbegabtenförderung» zu unterscheiden (vgl. 2. Zwischenbericht der EDK-Ost Arbeitsgruppe Begabtenförderung, 2000):

- Unter *Begabung* wird das Ergebnis einer dynamischen Wechselwirkung zwischen individuellen Begabungsanlagen, Persönlichkeitsmerkmalen und Umweltmerkmalen verstanden. Begabung erstreckt sich nicht nur auf kognitive Merkmale, sondern umfasst auch emotionale, motorische, kreative und soziale Bereiche. Der Begriff macht keine Aussage darüber, wie ausgeprägt eine Begabung ist. Entsprechend meint *Begabungsförderung* den allgemeinen Grundauftrag der Volksschule, alle Kinder gemäss ihren Begabungen zu fördern.
- Von *besonderer Begabung* wird gesprochen, wenn Schülerinnen und Schüler in ihrer Entwicklung in einem oder mehreren Bereichen der Altersgruppe deutlich voraus sind. *Begabtenförderung* meint entsprechend die Förderung von Kindern und Jugendlichen mit besonderen Begabungen. Begabtenförderung ist ein Sammelbegriff für alle Planungen und Massnahmen zur Förderung besonders begabter Schülerinnen und Schüler.
- Von *Hochbegabung* wird dann gesprochen, wenn der Entwicklungsstand eines Kindes in einem oder mehreren Bereichen in ausgeprägtem Masse über demjenigen der entsprechenden Altersgruppe liegt. Entsprechend meint *Hochbegabtenförderung* die Förderung von hochbegabten Kindern und Jugendlichen und ist ein Sammelbegriff für alle Planungen und Massnahmen zur Förderung hochbegabter Kinder.

Hintergrund dieser Begriffsdifferenzierung sind Überlegungen rund um die Frage, wie eine möglichst breite Begabungsförderung mit der Berücksichtigung allfälliger spezifischer Bedürfnisse besonders begabter oder hochbegabter Schülerinnen und Schüler in einem integrativen Förderansatz verknüpft werden kann. Begabungs-, Begabten- und Hochbegabtenförderung werden dabei als aufeinander aufbauende und voneinander abhängige Ansatzpunkte verstanden.

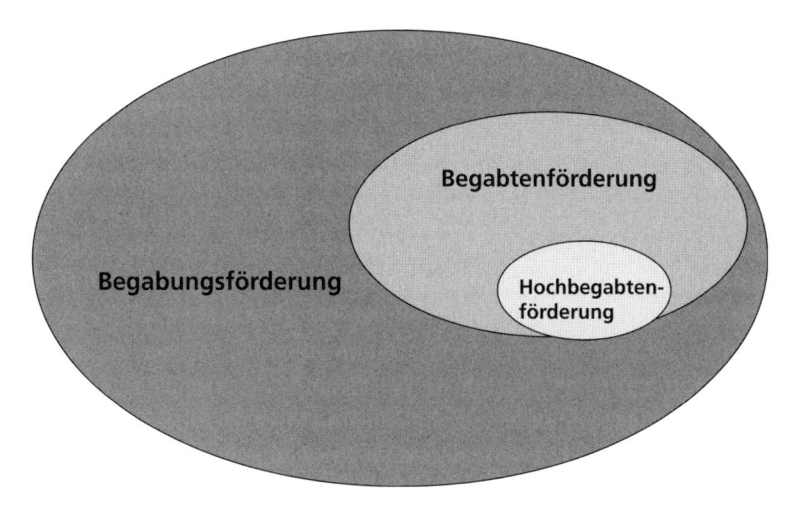

Verschränkung von Begabungs-, Begabten- und Hochbegabtenförderung

Bei der *Begabungsförderung* als allgemeine Aufgabe der Volksschule liegt der Fokus auf der Weiterentwicklung des Unterrichts. Es geht um Möglichkeiten, wie im Regelklassenunterricht auf die unterschiedlichen Lernvoraussetzungen aller Kinder eingegangen werden kann: Ein begabungsfördernder Unterricht fokussiert damit alle Kinder mit ihren je individuellen Begabungen, mit welcher Ausprägung diese auch immer vorhanden sind. Spezifisch geht es um Lehr- und Lernformen, welche individualisiertes Arbeiten entsprechend den verschiedenen Begabungen und Leistungsständen zulassen. In den Praxisbeispielen ab S. 24 werden diese Möglichkeiten illustriert.

Je besser es möglich ist, im Rahmen des Klassenunterrichts auf verschiedene Begabungen und Leistungsstände einzugehen, umso weniger werden spezifische Massnahmen der Begabten- und Hochbegabtenförderung notwendig sein. Dabei spielen nicht nur die didaktischen Möglichkeiten der Lehrperson eine Rolle. Vielmehr sind hier auch das schulische Umfeld mit seiner Integrationsfähigkeit, die je spezifische Klassengruppendynamik sowie die sozio-kulturellen Hintergründe der Kinder oder Jugendlichen wichtige Einflussfaktoren.

Begabungsförderung als allgemeines Unterrichtsprinzip bildet die Grundlage für eine Begabten- und Hochbegabtenförderung. Zum einen, weil es hier um die Bedürfnisse aller Schülerinnen und Schüler geht, zum andern aber auch durch die vorhandenen Schwierigkeiten beim Erkennen von besonderen Begabungen oder Hochbegabung, durch welche erst eine spezifische Begabten- oder Hochbegabtenförderung eingeleitet werden kann: Verschiedene Untersuchungen zeigen, dass insbesondere bei Mädchen, bei Schülerinnen und Schülern aus bildungsfernen Schichten, bei fremdsprachigen Kindern und bei körperlich Behinderten besondere Begabungen vergleichsweise seltener erkannt werden. Ein wichtiger Faktor ist dabei, dass sich Lehrpersonen in ihrer Wahrnehmung zumeist primär von den sichtbaren Schulleistungen leiten lassen. (Eine Zusammenstellung entsprechender Untersuchungsergebnisse ist im Bericht der Arbeitsgruppe Hochbegabung; Bildungsdirektion, Bildungsplanung, 2002, zu finden.) Eine allgemeine Begabungsförderung für alle Kinder und Jugendlichen ist ein Weg, wie die Schwierigkeiten bei der Erkennung von besonderen Begabungen oder Hochbegabung umgangen werden können.

Die Kernleistung der Begabungsförderung wird im Unterricht erbracht. Geht man nun über die Differenzierung von Lehr- und Lernformen hinaus und nimmt auch Förderansätze in den Blick, welche durch die Zusammenarbeit innerhalb eines Schulhausteams entstehen können, so vergrössern sich die Handlungsmöglichkeiten in der Berücksichtigung unterschiedlicher Begabungen und Leistungsstände wesentlich: Die Kooperation innerhalb eines Schulhausteams macht eine integrative *Begabtenförderung* möglich. Zu denken ist hier beispielsweise an altersdurchmischtes Lernen oder an die verschiedenen Formen von Beschleunigungsmassnahmen (Teilunterricht in höheren Klassen, Überspringen). In den Praxisbeispielen ab S. 50 werden diese Möglichkeiten illustriert. Werden sie ausgeschöpft, so werden weniger Massnahmen der Hochbegabtenförderung notwendig sein. Weiter sind kooperative Förderansätze im Schulhaus eine Chance für die Teamentwicklung: Die Zusammenarbeit bei der Förderung besonders begabter Schülerinnen und Schüler eröffnet die Möglichkeit, sich gemeinsam an pädagogischen und didaktischen Fragen fachlich weiterzuentwickeln.

Auch bei grossen Anstrengungen bei der Gestaltung des Unterrichts und beim Ausschöpfen aller Möglichkeiten, welche die Zusammenarbeit im Schulhausteam bietet, wird es vereinzelt notwendig sein, eine ganz spezifische Förderung für hochbegabte Kinder oder Jugendliche einzurichten. *Hochbegabtenförderung* ist dabei oft sonderpädagogische Einzelfallarbeit, da es zumeist um höchst individuelle Situationen geht, für welche Einzel-Lösungen gesucht werden müssen. Diskutiert werden hier Möglichkeiten des Einbezugs von spezifischen Förderlehrpersonen in den Unterricht, aber auch so genannte Pull-out-Programme, Zusatzangebote in der Freizeit oder Teildispens vom Unterricht, um weiterführende Aktivitäten in andern Institutionen zu ermöglichen. Die Praxisbeispiele ab S. 74 bieten hier einen Überblick.

Für die Wirksamkeit einer Hochbegabtenförderung sind vor allem zwei Aspekte bedeutsam. Zum einen ist aus Gründen der sozialen Integration eine

Gruppenförderung der Einzelförderung vorzuziehen (grössere Gemeinden oder Städte haben hier sicher die besseren Möglichkeiten als kleinere). Zum andern ist auf eine dichte Vernetzung mit dem Regelklassenunterricht zu achten. Finden die zeitlich meist punktuellen Aktivitäten der Hochbegabtenförderung ohne die Möglichkeit statt, dass der Schüler oder die Schülerin einen Transfer in die übrige Unterrichtszeit vornehmen kann, so ist die Gefahr gross, dass sich an der Befindlichkeit des Kindes im Normalunterricht nichts ändert und die Hochbegabtenförderung zu einer Art «anregendem Inselprogramm» ohne nachhaltige Wirkung wird. Die Kooperation zwischen den verschiedenen beteiligten Pädagoginnen und Pädagogen ist ein wesentlicher Erfolgsfaktor der Hochbegabtenförderung.

In der Praxis sind die Ansatzpunkte der Begabungs-, Begabten- und Hochbegabtenförderung oft nicht genau voneinander zu differenzieren, wie die Praxisbeispiele in diesem Buch zeigen. Unterrichtsentwicklung, Projekte im Schulhausteam und spezifische Massnahmen der Hochbegabtenförderung fliessen ineinander über. Die Unterscheidung kann jedoch als Orientierungshilfe wichtige Dienste leisten und ist in diesem Sinne zu verstehen.

Die Grundlage der verschiedenen Ansatzpunkte der Begabungs-, Begabten- und Hochbegabtenförderung bilden die Förderprinzipien der Anreicherung und Verdichtung, der Beschleunigung und der Gruppenbildung. Als Einführung sollen sie hier im Überblick vorgestellt werden (vgl. z.B. Holling & Kanning, 1999). Die konkrete Ausgestaltung wird dann in den Praxisbeispielen des Kapitels «Erfahrungsberichte» ab S. 23 beschrieben.

Bei *Anreicherung* (oder «Enrichment») geht es darum, entweder Themen oder Fächer des Lehrplans breiter oder vertiefter zu bearbeiten («vertikales Enrichment»), oder Lerninhalte anzubieten, welche im normalen Lehrplan nicht enthalten sind («horizontales Enrichment»). Anreichernde Massnahmen sollen das normale Unterrichtsangebot in der Regel nicht ersetzen, sondern ergänzen.

Verdichtung (oder «Compacting») meint, den Stoff des normalen Lehrplans in verdichteter Form zu bearbeiten, damit Raum für andere Aktivitäten entsteht (z.B. Angebote der Anreicherung). Besonders begabte oder hochbegabte Kinder benötigen in der Regel weniger lange Übungszeiten, so dass hier die Möglichkeit der «Verdichtung» des Lernprozesses besteht.

Unter *Beschleunigungsmassnahmen* (oder «Akzeleration») werden Massnahmen verstanden, welche zu einem schnelleren Durchlaufen der Schulzeit führen. Am bekanntesten sind die frühzeitige Einschulung und das Überspringen von Klassen. Im benachbarten Ausland werden vereinzelt auch so genannte D-Zug-Klassen geführt, bei denen eine ganze Klassengruppe den Lehrstoff gemeinschaftlich in kürzerer Zeit bewältigt.

Gruppenbildung (oder «Grouping») als Förderprinzip meint die Zusammenfassung von besonders begabten oder hochbegabten Schülerinnen und Schülern zu Fördergruppen. Auf die Priorität von Gruppen- gegenüber Einzelförderung wurde im Zusammenhang mit Hochbegabtenförderung bereits hingewiesen. Gruppenbildung kann innerhalb des Klassenunterrichts erfolgen (z.B. durch eine Zusammenarbeit mit einer Förderlehrperson), oder sie kann mit einer zeitweisen Trennung vom Klassenunterricht verbunden sein (so genanntes «Pull-out»).

Erfahrungsberichte

**Für die Gebildeten ist die Bildung
ihre zweite Sonne.
Heraklit**

Begabungsförderung im Unterricht

Barbara Baumann

In den folgenden «Mosaiksteinen» (Erfahrungsberichten) steht die Frage im Zentrum, wie die Begabungen aller Kinder im Rahmen des Klassenunterrichts gefördert werden können. Dabei kommt der Unterrichtsgestaltung eine zentrale Rolle zu, bei der es nicht «die Methode» zur Begabungsförderung gibt, sondern verschiedene Prinzipien, die in unterschiedlichen Unterrichtssettings zum Tragen kommen.

Ein zentrales Kriterium für einen begabungsfördernden Unterricht ist der Grad der *Offenheit eines Lernsettings*. Wird die Eigeninitiative von Kindern zugelassen, oder werden Kinder durch eng gefasste Arbeitsaufträge eingeschränkt? Bestehen für die Schülerinnen und Schüler Möglichkeiten, ihren eigenen Interessen nachzugehen? Können die Kinder im eigenen Tempo arbeiten? Im Gegensatz zu Kindern mit Lernschwierigkeiten, die in ihrem Lernen eine starke Unterstützung von Seite der Lehrperson brauchen, ist es für begabte Kinder sehr oft wichtig, dass sie *Freiräume* bekommen, die sie selbstständig und kreativ gestalten können (Mosaikstein 4). *Offene Fragestellungen* (Mosaikstein 1) und *offene Lernaufgaben* bilden den Ausgangspunkt für einen begabungsfördernden Unterricht (Brunner, 2001). Können die Kinder Fragen bearbeiten, die sie bewegen? Sind die Fragestellungen motivierend? Sind sie realitätsnah und stehen im Zusammenhang mit der kindlichen Erlebniswelt? Durch *metakognitive Elemente*, dem Reflektieren des Lernprozesses und dem Erwerben von Arbeitstechniken, lernen die Kinder, wie sie Wissensgebiete selber erschliessen können. Das Reflektieren kann im Zweiergespräch zwischen Lehrperson und Kind, in Lerntagebüchern (Mosaikstein 1) oder im Klassenverband geschehen (Mosaikstein 2).

Auf S. 21 wurde auf die beiden Prinzipien des *Verdichtens* und des *Anreicherns* hingewiesen. Wie weit gelingt es der Lehrperson, die Kinder in ihrem eigenen Tempo den Pflichtstoff durchlaufen zu lassen und Platz für inhaltliche Anreicherungen in ihrem Unterricht zu schaffen? Die Kinder, welche den Stoff schneller durcharbeiten, können sich mit eigenen Interessensgebieten beschäftigen und eigenen Projekten nachgehen. Die Lehrperson unterstützt die Kinder dann darin, ein Wissensgebiet selbstständig zu erschliessen (Mosaiksteine 2 und 3). Zur Anreicherung können auch Expertinnen von aussen zugezogen werden (Mosaikstein 2). Wichtig ist, dass Anreicherung nicht nur darin besteht, dass die Kinder mit Übungsblättern beschäftigt werden, sondern die Möglichkeit erhalten, sich mit einem Gebiet vertieft auseinander zu setzen.

Ein weiteres wichtiges Prinzip ist die *Individualisierung*. Wie gelingt es der Lehrperson, die unterschiedlichen Begabungsniveaus zu berücksichtigen und die Kinder auf ihren individuellen Lernwegen zu begleiten? Um den Unterricht zu individualisieren, steht den Lehrpersonen eine breite Palette an Lehr- und Lernformen zur Verfügung. Zu den bekanntesten Unterrichtsformen in diesem Bereich gehören: Arbeiten mit Lernplänen, Wochenplänen (Mosaikstein 3), projektorientiertem Lernen und Werkstattunterricht (vgl. z.B. Gasser, 1999, Sonderegger, 1999). Nicht nur im inhaltlichen Bereich, sondern auch in der Strukturierung der Lernwege der Kinder ist eine Individualisierung wichtig (Mosaikstein 2). Allgemein ist es sinnvoll, nicht nur eine Methode zu verwenden, sondern situationsangepasst mehrere Möglichkeiten miteinander zu kombinieren. Der Einsatz individualisierender Unterrichtsformen ist noch keine Garantie für eine begabungsfördernde Lernumwelt. Auch hier kommt es auf die Gestaltung der Freiräume an.

In einem begabungsfördernden Unterricht ändert sich die *Rolle der Lehrperson*. Anstelle der Vermittlerin von Stoff wird sie Bindeglied zwischen Kind und Stoff. Sie begleitet die Kinder auf ihrem eigenen Lernweg. Die traditionelle Aufgabe des Belehrens wird unter anderem durch Aufgaben wie Beraten, Anregen oder Initiieren ergänzt. Im Zentrum steht die Schaffung eines Klassenklimas, in welchem unterschiedliche Begabungen und Lernwege akzeptiert sind. *Gemeinschaftsbildende Aktivitäten* sind in diesem Zusammenhang von grosser Bedeutung.

Nicht zuletzt gibt es auch *Formen der Unterrichtsorganisation*, in denen Begabungsförderung leichter realisierbar ist. So weisen Schulen mit Mehrjahrgangsklassen oder Formen der Grund- oder Basisstufe, die zur Zeit in verschiedenen Kantonen erprobt werden, im Zusammenhang mit Begabungsförderung verschiedene Vorteile auf. Die Heterogenität ist durch die Altersmischung bereits auf natürliche Weise gegeben. Die Lehrperson geht quasi «von selbst» auf unterschiedliche Begabungsniveaus ein, und für die Kinder ist es selbstverständlich, dass sie an unterschiedlichen Orten stehen. Begabungsfördernde Prinzipien sind ein Bestandteil dieser Form der Unterrichtsorganisation (Hofstetter, 2003).

Die Umstellung auf einen begabungsfördernden Unterricht stellt hohe Anforderungen an die Lehrpersonen und ist eng mit Unterrichtsentwicklung verknüpft. Dies ist im Team leichter zu bewältigen, als wenn einzelne Lehrpersonen es für sich allein versuchen (Mosaiksteine 2 und 3).

Das Kind im Mittelpunkt des Unterrichts
Elsbeth Denzler

Auf der Suche nach Alternativen
Mit gut vorbereiteten, bis ins letzte Detail ausgeklügelten Lektionen erwarte ich an einem Schulmorgen meine Erstklässlerinnen und Erstklässler. Anna wünscht, dass ich noch eine Geschichte vorlese, die sie zuhause geschrieben hat. Am Ende der Geschichte meldet sich Maria: «Aber das darf Anna doch gar nicht schreiben, Sie haben uns diese Buchstaben noch nicht alle gelehrt!»

Meine Freude über Annas Geschichte wird überdeckt durch ein ungutes Gefühl, welches sich mit unbequemen Fragen zu meinem Unterricht bemerkbar macht: Wie fühlen sich meine Schülerinnen und Schüler, wenn sie ihr Vorwissen, ihre Interessen und Begabungen in der Schule nicht anwenden können und dürfen? Wie steht es mit ihrem Selbstvertrauen, ihrer Selbstständigkeit, wenn sie vom Lehrmittel und der Unterrichtsform so eingeschränkt werden?

Dieses sich positiv auswirkende Schockerlebnis bewirkte, dass ich mich auf den langen Weg machte zu lernen, das Kind in den Mittelpunkt meines Unterrichts zu stellen und nicht den Stoff und auch nicht mich als Lehrerin.

Ich besuchte Weiterbildungen zum Thema Lehren und Lernen, las viel und suchte das Gespräch mit Kolleginnen und Kollegen zu diesem Thema. Ich entfernte mich immer weiter von der Maxime «vom Einfachen zum Schwierigen» und veränderte schrittweise meinen Unterricht. Heute orientiere ich mich für die Unterrichtsvorbereitung an den Lernzielen im Lehrplan und nicht mehr an kleinschrittig aufgebauten Lehrmitteln. Natürlich musste ich auch meinen Mathematikunterricht verändern, und dieser entwickelte sich in den letzten Jahren zu einem eigentlichen Steckenpferd. Seit einiger Zeit unterrichte ich Mathematik ohne Lehrmittel. Ich konzentriere mich auf wesentliche Inhalte, nehme mathematische Alltagssituationen auf, schaffe attraktive Lernsituationen und gebe wenn nötig gezielte direkte Instruktionen. Mit dieser Unterrichtsform gelingt es mir immer besser, das Kind und seinen Alltag in den Mittelpunkt zu stellen.

Mathematikunterricht ohne Lehrmittel
Jeden Morgen setzen sich die 15 Erstklässlerinnen und die 3 Erstklässler vor die Wandtafel. Unsere Hilfsmittel liegen griffbereit: Es sind selbst gemachte Püppchen als Stellvertreter für jedes Kind, rot-blaue Bätzchen, 20er-Streifen, 20er-Felder, Würfel, Geld und Schneidermeter. Unentbehrlich ist auch die

leere Wandtafel, so dass Wichtiges, das gezeigt oder besprochen wird, sofort festgehalten werden kann. Kinder, die etwas zeigen, handeln oder erzählen, kommen vor die Klasse. Zuerst finden wir heraus, ob alle Schülerinnen und Schüler da sind. Sanja zählt in 1er-, Jonas in 2er-Schritten und Luca bittet die Kinder, sich als 5er-Würfelbilder hinzustellen. Heute sind alle 18 Kinder da. Gestern war Yael krank. «Wie viele Kinder waren also da?» Eine neue Schülerin tritt ein. «Wie viele Kinderaugen sind jetzt im Schulzimmer?», möchte Pascale wissen. Lara interessiert sich für die Anzahl der Finger. Beide lösen ihr Problem später im Mathematikheft. Immer wieder werden zum Arbeiten, Spielen und Turnen gleich grosse Gruppen gebildet. «19 ist eine ungünstige Zahl. Darf ich später mit den Püppchen herausfinden, ob wirklich keine Gruppierung möglich ist?», fragt Fatima. Susanne flüstert mir ins Ohr: «19 ist eine Primzahl, Fatima wird nur die Möglichkeiten 1·19 und 19·1 finden». Als Erika aus der Kleinklasse bei uns schnuppert, sagt Susanne: «20 ist eine günstige Zahl. Ich möchte mit Marion zusammen alle Malrechnungen dazu aufschreiben.»

Wir können das alltägliche Material sehr gut nutzen, um daraus mathematische Problemstellungen herauszukristallisieren: Etuis, Kuscheltiere, Schulreisegeld, übrig gebliebenes Knabberzeug vom Elternabend, Platanenblätter vom Pausenplatz, Maroni aus der Geschichte von Emilio ... Die Schülerinnen und Schüler schätzen, zählen, sortieren, gruppieren, protokollieren, legen Muster, ordnen zu, nehmen weg, verteilen, argumentieren, beweisen ...

Viel Zeit erhalten die Schülerinnen und Schüler, um im Mathematikheft ihre eigenen Fragestellungen und Lösungswege zu dokumentieren. Es ist ein Heft vom Format A4 ohne Häuschen und Linien. Patrick zeichnet einen Glückskäfer mit je 18 Punkten auf den Flügeln, wobei der eine Flügel das genaue Spiegelbild des andern ist. Anna berechnet die Anzahl der Nägel, die 4 Pferde für ihre Hufeisen brauchen. Yael schreibt weiter an ihrer Zahlenreihe von 1 bis 500. Sie will die Zahlen richtig, schön und mit wenig Druck schreiben. Tanja erzählt von ihrer Lieblingszahl. Fabienne fragt sich, ob sie 50 Maroni gleichmässig an zwei Kinder verteilen kann. Sie lässt sich durch die Ziffer 5 verunsichern. Sie füllt 50 Maroni in 5 Zehnersäcke. Beim Verteilen stellt sie fest, dass sie den fünften Sack öffnen muss. Sie kommt zum Schluss, dass auch die Zahlen 30, 70, 90 teilbar durch 2 sind. Marion stellt beim Schreiben und Rechnen sehr hohe Ansprüche an sich. Oft verweigert sie beides. Gerne und gut zeichnet sie aber Szenen aus dem Leben ihrer Lieblingstiere, den Pinguinen. Nachdem wir ihre Zeichnungen bewundert haben, wagt sie es, interessante Texte mit den dazu passenden Rechnungen aufzuschreiben. Viviane, die sich im Kognitiven wenig zutraut, bastelt aus Lehm und zwei Schachteln Streichhölzer einen wunderschönen Igel. Ich fordere sie auf, herauszufinden,

$146\ Fr.\ 70\ Rp.\ +\ 375\ Fr.\ 80\ Rp.\ =\ 522\ Fr.\ 50\ Rp.$ ✓

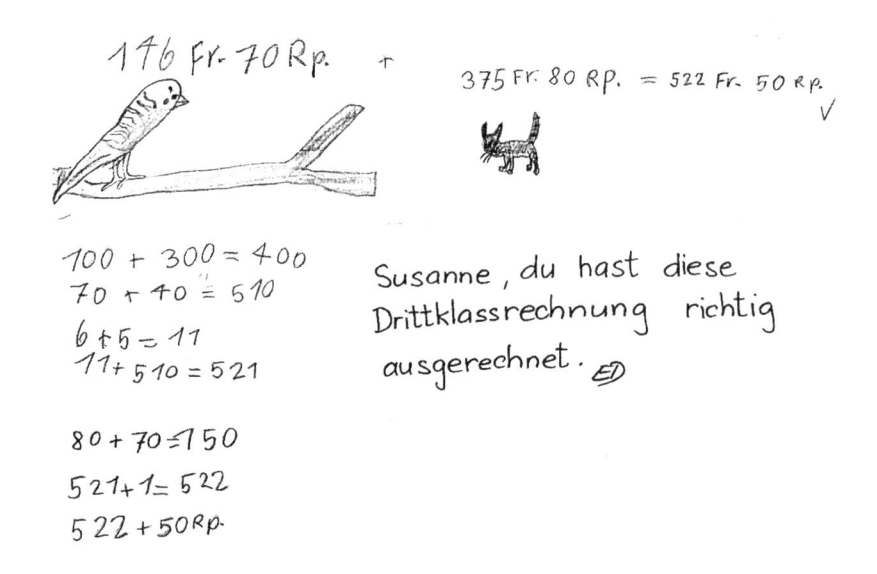

$100 + 300 = 400$
$70 + 40 = 510$
$6 + 5 = 11$
$11 + 510 = 521$

$80 + 70 = 150$
$521 + 1 = 522$
$522 + 50\ Rp.$

Susanne, du hast diese Drittklassrechnung richtig ausgerechnet. ED

Einblick in das Mathematikheft von Susanne, 8 Jahre

wie viele Stacheln er hat. Geschickt legt sie die Streichhölzer in Zehnerhaufen. In 10er-Schritten zählt sie bis 100, dann weiter in 1er-Schritten. Gemeinsam bündeln wir die Hölzchen, und stolz schreibt sie die dreistellige Zahl auf. Susanne zeichnet ihren Wellensittich und schreibt dazu einen lebendigen Text. In Gedanken kauft sie dazu noch eine Katze.

Regelmässig schauen wir die Mathematikhefte an, geniessen die Zeichnungen und Geschichten, staunen über Gedanken, Entdeckungen und Lösungswege und nehmen so neue Ideen auf. Immer wieder schreibe ich Problemstellungen auf, die sich aus dem mündlichen Unterrichtsteil ergeben. So entstehen zu meinem kleinen Ostergeschenk folgende Aufgaben: 19 Kinder und 3 Erwachsene bekommen ein Schoggihäschen. Ich kaufe 5er-Packungen. Eine Packung kostet 2 Fr. 40 Rp. Ich bezahle mit einer Zwanziger-Note.

In der ersten Schulwoche der 2. Klasse reihen die Schülerinnen und Schüler 100 Perlen zu einer Hunderterkette auf. Diese Arbeit liefert mir viele Ideen für Textaufgaben. Jonas Kette ist noch nicht fertig, er muss noch 2 mal 10 Perlen aufziehen. Anna reiht immer 5 Perlen in der gleichen Farbe auf. 18 mal hat sie das schon gemacht. Susannes Kette ist zur Hälfte fertig. Fabienne braucht nur noch eine einzige Perle. Vivianes Kette ist fertig. Sie hat immer 20 gleiche Perlen aufgezogen. Die Aufgabenstreifen liegen bereit, die Schülerinnen und Schüler wählen eine Aufgabe aus, kleben sie ins Heft und dokumentieren ihren Denk- und Lösungsweg.

+	398	228	478
345	743	(573)	823
220	618	448	(698)
342	(730)	570	820

```
  730
  573
 ----
 1303
  698
 ----
 2001
```

Schenke das Streich-
quadrat fürs Jahr
2001 bei Gelegenheit
Anna, Marion und
Susanne. ED

Barbara, 8 Jahre, rechnet ein Streichquadrat

Gerne gebe ich meinen Schülerinnen und Schülern Aufgaben aus dem Handbuch produktiver Rechenübungen (Wittmann & Müller, 1990). Diese Aufgaben bieten Entdeckungs- und Übungsfelder. Sehr beliebt sind zum Beispiel die Streichquadrate, wie sie im Band 1, S. 92 beschrieben sind. Ich stelle eine quadratische Additionstabelle her, deren Randzahlen die Summe 100 ergeben, rechne sie aus und zeige den Schülerinnen und Schülern nur das Quadrat mit den Ergebnissen. Die Schülerinnen und Schüler sind fasziniert, dass alle die Endsumme 100 erhalten, wie immer man auch die Zahlen unter Beachtung der Streichregel ausgewählt hat. Julian will nun ein eigenes Streichquadrat herstellen. Doch Barbara, ein Mädchen mit hohen Begabungen, ist überzeugt, dass dies ohne System nicht möglich ist. Etwas später zeige ich, dass das Streichquadrat aus einer Additionstabelle entstanden ist. Barbara sieht sofort den Zusammenhang zwischen den Randzahlen und den eingekreisten Zahlen. Alle stellen Geburtstagsstreichquadrate für Eltern und Lehrpersonen des Schulhauses her. Barbara schenkt mir ein Streichquadrat für mein Alter. Anschliessend findet sie heraus, wie viele Tage ich schon lebe. Zuletzt erfindet sie das Jahreszeitenstreichquadrat.

> Frau Denzler ist 51 Jahre alt.
> Ich habe ausgerechnet wieviele Tage das sind.
>
> 50 · 365
> 10 · 365 = 3650
> 10 · 365 = 3650
> 10 · 365 = 3650
> 10 · 365 = 3650
> 10 · 365 = 3650
>
> 7300
> 7300
> 14'600
>
> 18250 + 365 = 18615 T.
> 14600 + 3650 = 18250
>
> 365
> 18615
>
> Ich bin also 18615 Tage alt.
> Vielen Dank Barbara, dass du das für mich ausgerechnet hast.

Barbara, 8 Jahre, berechnet das Alter der Lehrerin

Schlussüberlegungen

Dank dieser Unterrichtsform gelingt es mir, die Einmaligkeit und Einzigartigkeit jedes Kindes zu erkennen. In den offenen Lernsituationen zeigen sich die speziellen Kenntnisse, Begabungen und Interessen des Kindes besser und schneller als früher. Heute orientiere ich mich vorwiegend an seinen Stärken und habe Vertrauen in seine Leistungen. Dadurch hat sich meine Rolle als Lehrerin verändert: Ich räume nicht mehr Hindernisse aus dem Weg, sondern ich begleite das Kind auf seinem Weg und gebe ihm falls nötig Hilfe bei der Überwindung der Hindernisse. Auch Kinder mit hohen Begabungen kann ich gezielter beobachten, begleiten und fördern. Da diese sich reichhaltigen und anspruchsvollen Problemen stellen, stossen auch sie auf Hindernisse, entwickeln dadurch eine gute Arbeitshaltung und lernen verschiedene Arbeitstechniken und Strategien kennen. Zur Zeit unterrichte ich eine Schülerin, die aus emotionalen Gründen die Klasse nicht überspringen will, obschon sie leistungsmässig dazu sehr gut in der Lage wäre. Auch wenn sie zeitweise unterfordert ist, bietet ihr mein Unterricht Lernsituationen, die sie auf ihrem Niveau fördern.

Die andern Schülerinnen und Schüler lernen auf ihrem eigenen Niveau. Sie wählen jene Aufgaben und jenen Weg, der ihren Fähigkeiten, Fertigkeiten, Voraussetzungen, Bedürfnissen und ihrem Lerntyp entsprechen. Jedes

Kind hat Zeit für eine ruhige, gelassene Auseinandersetzung mit der Fragestellung. Allen gemeinsam ist die Freude, die sie empfinden, wenn sie nach langer Arbeitszeit ihr Ziel erreicht haben. Doch auch bei dieser Unterrichtsform sind manche fremdsprachige, zurückhaltende Kinder sowie Kinder aus einem bildungsfernen Milieu zeitweise überfordert. Die Differenz zwischen der individuellen Wissensbasis und den Aufgabenanforderungen ist manchmal zu gross. Besonders im mündlichen Unterrichtsteil mussten die Klasse und ich lernen, auf solche Kinder Rücksicht zu nehmen, einfachere Fragestellungen zu formulieren und dem Kind viel Zeit zum Verstehen und Handeln zu geben. So thematisieren wir immer wieder unsere Stärken und Schwächen. Wenn die Schülerinnen und Schüler einander ihre Fragestellungen, Denk- und Lösungswege vorstellen, müssen sie sich klar und verständlich ausdrücken. Sie lernen von- und miteinander, und alle erleben, dass eigenes Denken erwünscht ist und dass verschiedene Wege zum Ziel führen. Ihr Selbstvertrauen, ihre sprachlichen und sozialen Kompetenzen wachsen.

Obwohl es oft beschwerlich war und ich auch immer wieder Momente der Verunsicherung durchstehen musste, bin ich heute überzeugt, dass ich mich auf dem richtigen Weg befinde. Durch diese veränderte Unterrichtsform bleibt mir viel Zeit, jedes einzelne Kind zu beobachten und zu begleiten. Dadurch weiss ich, wo jedes steht. Die Bedenken, die vorgegebenen Lernziele nicht zu erreichen, haben sich aufgelöst.

2 Lernzieldifferenzierter Unterricht

Das Interview mit Jürg Willimann und Werner Fessler führte Barbara Baumann

Im Schulhaus Nordstrasse Zürich haben sich Ruth Baumann (Primarlehrerin), Jürg Willimann (Primarlehrer) und Werner Fessler (Förderlehrer) zu einem Arbeitsteam zusammengeschlossen. Sie begegnen der Aufgabe, mit Heterogenität umzugehen, auf ihre Art und Weise. Dazu haben sie aus je einer vierten und fünften Klasse zwei jahrgangsgemischte Klassen gebildet. Eine der jahrgangsgemischten Klassen wird von Ruth Baumann, die andere von Jürg Willimann geführt. Werner Fessler arbeitet im Teamteaching in beiden Klassen. Die drei sind dabei, gemeinsam den ganzen Mittelstufenstoff zu modularisieren und lernzieldifferenzierend aufzubereiten.

Im Mosaikstein 5 werden Werner Fessler und Jürg Willimann über ihre Zusammenarbeit im Team berichten. Im folgenden Interview sind die Lernzieldifferenzierung und die Modularisierung des Unterrichts im Fokus.

Barbara Baumann: Welches sind die wesentlichen Elemente Ihres Unterrichts?
Jürg Willimann: Das zentrale Element ist die Lernzieldifferenzierung. Das bedeutet, dass das Kind selber bestimmen oder mitbestimmen kann, bis zu welchem Punkt es einen Auftrag bearbeiten möchte. Dabei gibt es drei Anforderungsniveaus: Das «Lehrlingsniveau», das «Niveau der Fachfrau oder des Fachmannes» und das «Meister- oder Expertenniveau». Möglichst alle Angebote sind auf diese Art und Weise differenziert. Die Kinder beginnen in der Regel auf dem «Lehrlingsniveau». Grosse Unterschiede zeigen sich darin, wie schnell sie dieses schaffen, um dann auf weiteren Niveaus zu arbeiten. Im Regelfall ist es so, dass auch jemand, der im «Meisterniveau» arbeiten möchte, zuerst zeigen muss, dass er das «Lehrlings-» und das «Fachfrau oder Fachmann-Angebot» beherrscht. Dabei kann es vorkommen, dass ein Kind etwas in zwei Tagen schafft, wozu ein anderes Kind die ganze Zeit einer Etappe (vier bis sechs Wochen) braucht.

Hat ein Kind ein Niveau durchlaufen, schliesst es dieses mit einer Lernzielkontrolle ab. Die Lernzielkontrollen dienen als Diagnoseinstrument. Ein Kind kann eine Lernzielkontrolle so oft wiederholen, bis es das Lernziel erreicht hat. Mit der Lernzielkontrolle überprüft das Kind, was es schon beherrscht und was noch nicht. Mit der Zeit internalisieren die Kinder diese Bedeutung und erleben die Lernzielkontrolle nicht mehr als eine alles entscheidende Prüfung.

Der Stoff auf dem niedrigsten Anforderungsniveau ist so modularisiert, dass das Kind pro Modul möglichst nur mit einem Problem konfrontiert ist. So kann es aus der Lernzielkontrolle Rückschlüsse ziehen und sehen, welche Fragestellung es noch nicht verstanden hat. Wenn ein Kind Fehler gemacht hat, verbessert es nicht die Lernzielkontrolle, sondern kehrt in die Module zurück und übt dort, was es noch nicht kann.
Werner Fessler: Wichtig ist auch, dass die Lernzielkontrolle das Thema nicht einfach beendet, sondern dass sie den Kindern als laufende Standortbestimmung von Beginn an zur Verfügung steht. Sie konkretisiert, was die abstrakten Lernziele bedeuten. Probeprüfungen sind in Bezug auf Form und Anforderungen gleich konzipiert wie die eigentlichen Lernzielkontrollen. Einige Kinder bereiten sich an Hand von Probeprüfungen auf die Lernzielkontrolle vor.

Was passiert, wenn ein Kind das «Lehrlingsniveau» sehr schnell bewältigt?
J.W.: Was Kinder machen, wenn sie schneller fertig sind, ist nicht immer vorbestimmt. Die Skala ist nach oben offen. Ich möchte von einem aktuellen Beispiel berichten. Wir behandeln im Fach Mensch und Umwelt zurzeit das Thema Körper. Dafür haben wir eine bereits existierende Werkstatt übernommen. Auf dem «Lehrlingsniveau» bearbeiten die Kinder die Blätter dieser Werkstatt. Drei Mädchen lösten die Grundmodule in wenigen Tagen. Sie interessierten sich für die Schwangerschaft, ein Thema, das in der Werkstatt ausgespart wird. Die drei konnten nun auf dem «Fachfrauenniveau» diesen Aspekt vertiefen. Sie haben ein Lernplakat gestaltet und eine Geschichte dazu geschrieben. Zur Bearbeitung ihres Themas standen ihnen Bücher aus der Bibliothek zur Verfügung. Zudem bekamen sie von unserer Seite Hilfe. Die Mädchen haben die Plakate weitgehend selbstständig gestaltet. Sie haben durch ihre Eigeninitiative eine ganz andere Vertiefung erreicht als die, welche in der Werkstatt gefordert wird. Wahrscheinlich wechseln sie nun bald ins «Meisterniveau». Dort kommt es zu einer weiteren Vertiefung des Stoffes.
Vor kurzem war eine Mutter bei uns in der Klasse zu Besuch. Ihr gefiel das Plakat, das die drei Mädchen gestaltet hatten. Sie sagte, dass sie viel über das Thema Geburt wisse und dass sie darüber viele Bücher zuhause hätte, denn sie habe beruflich mit dem Thema zu tun. Ich schlug den Mädchen vor, dass sie sich mit Hilfe dieser externen Expertin weiter in den Stoff vertiefen. Sie müssten sich aber selber organisieren. Diese Art der Eigeninitiative gehört beim Meisterniveau dazu. Wenn sich die Mädchen wirklich weiter vertiefen, resultiert daraus z.B. ein Vortrag, den sie vor der Klasse halten werden. Diese Präsentationsform wäre dann noch komplexer als die Plakatgestaltung und inhaltlich anspruchsvoll. Ich glaube, dass sie damit eine Erfahrung machen

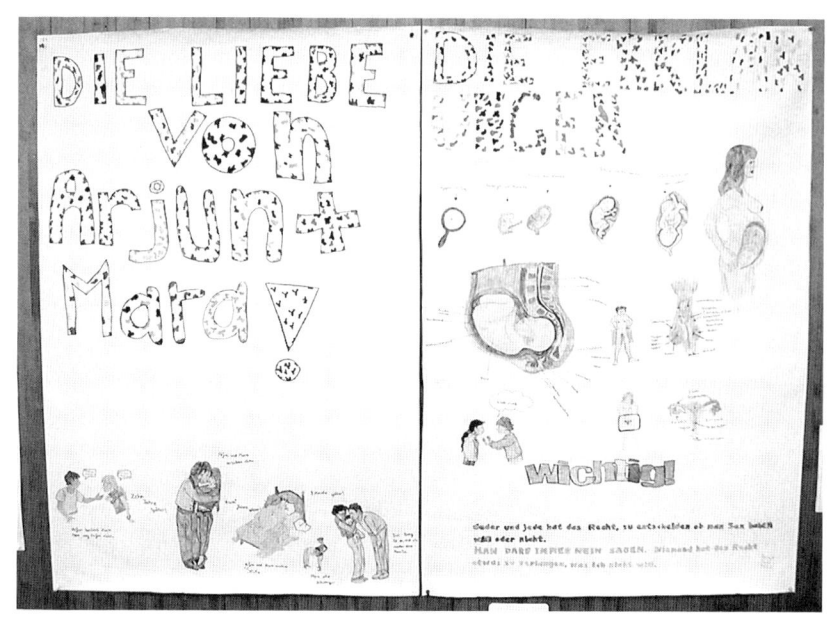

Lernplakat von Anouk, Besa und Begüm

werden, die nahe bei dem ist, was wir uns erhoffen. Die Faszination dieser Mädchen gibt ihnen in der Klasse auch eine Position von Zugpferden. Sie ziehen die andern mit. Ein ähnliches Vorgehen ist in allen Bereichen denkbar.
W.F.: Begabungsförderung heisst für uns wie in diesem Beispiel, die Begabung jedes Einzelnen zum Zug kommen zu lassen. So ist auch der Stoff, der auf die Gymnasiumsprüfung vorbereitet, in den Unterricht integriert. Zusätzliche Kurse sollten eigentlich nicht notwendig sein.

Wie behalten Sie den Überblick, wo welches Kind steht?
W.F.: Das Lernjournal ist ein wichtiger Bestandteil in unserem Unterricht. Darin finden die Kinder einen Übersichtsplan über die ganze Phase zwischen zwei Ferien. Einerseits sind die Wochen als Zeitbalken notiert, andererseits sind für jedes Fach oder Thema Kästchen zum Abhaken vorhanden.

Im Lernjournal notieren die Kinder, was sie erledigt haben, damit sie und wir eine Orientierung behalten. Als weiteres Hilfsmittel verwenden wir zu den einzelnen Stoffgebieten Übersichtsbogen für die ganze Klasse. Das ist sehr wichtig. Das Schreckgespenst ist ja immer, dass man ein Kind aus den Augen verliert, wenn man so stark individualisiert. Den Lernfortschritt halten wir auf Lernbegleitbogen fest, die beobachtbare Kriterien enthalten und die wir in einem laufenden Prozess entwickeln.

J.W.: Früher arbeitete ich streng nach Lehrmittel. Das gab mir einen gewissen Halt. Ich wusste dann, in welcher Woche ich mit der Klasse welchen Schulstoff bearbeiten musste, damit ich am Ende des Jahres die Lernziele erreicht habe. Aus Angst, dass ich die Lernziele nicht erreichen würde, klammerte ich mich lange ans Lehrbuch. Das modularisierte Vorgehen empfinde ich als Entlastung. Ich sehe, dass die Kinder dort verweilen, wo sie real stehen. Der Stand der Kinder wird auf diese Art und Weise viel deutlicher sichtbar. Die Arbeit mit dem System der Lernzieldifferenzierung stellt für mich einen Paradigmenwechsel dar.

Wie finden sich die Kinder in diesem Unterricht zurecht?
W.F.: Diese Frage wird im Zusammenhang mit der Öffnung des Unterrichts immer wieder als Kritik angeführt. Wir erachten die Selbstständigkeit nicht als Voraussetzung, sondern als Ziel des Unterrichts. Bisher unterhielten wir uns über die fachlichen Hilfsmittel, also die Stoffaufbereitung und -organisation mit den verschiedenen Anforderungsniveaus. Mit der Zeit wurde uns klar, dass die Differenzierung in Bezug auf verschiedene Anforderungsniveaus für die Arbeitshaltung ebenso wichtig ist. Auch hier arbeiten wir mit drei Niveaus.
J.W.: Wir haben bemerkt, dass es Kinder gibt, die mit der Offenheit nicht gut zu Rande kommen. Sie sind z.B. nicht fähig zu entscheiden, woran sie arbeiten sollen. Weiter gibt es Kinder, die fast nur das machen, was sie gut können. Sie weichen den Schwierigkeiten aus. Wir haben beschlossen, dieses Thema mit den Kindern zu besprechen und zwar nicht mit jedem einzelnen, sondern gemeinsam im Kreis. In diesem Lerngespräch stellten wir den Kindern unsere Beobachtungen über ihr Arbeitsverhalten vor und gaben ihnen drei mögliche Arbeitsweisen zur Wahl: Arbeit im Tages-, Wochen- oder Etappenplan. Die Kinder ordneten sich selber und gegenseitig einer der Arbeitsmethoden zu. Dadurch erhielt jedes Kind Rückmeldungen zu den eigenen Einschätzungen. Aufgrund dieses Gesprächs traf jedes Kind den Entscheid, mit welcher Planung es im nächsten Quartal arbeiten möchte, und hielt dies mit dem Lehrer im Lernjournal fest. In der Dreiergruppe der Mädchen, die zusammen das Lernplakat gestalteten, hatte es zwei Mädchen, die sich die Arbeit im Etappenplan zutrauten. Auch die andern pflichteten ihnen bei. Interessant war nun, dass sich ein Mädchen dieser Gruppe für den Wochenplan entschied. Das freut mich, weil dieses Kind sich unabhängig vom Gruppendruck einzuschätzen wagte.

Unser nächstes Lerngespräch im Kreis findet Ende Quartal statt. Dann besteht die Möglichkeit, dass sich die Kinder wieder neu einschätzen. Das Prinzip, das dahinter steht, ist folgendes: Die Kinder, welche es brauchen, werden von uns wirklich eng im Tagesplan geführt. Bei der Arbeit mit einem Wochenplan sollte eine Anleitung genügen, und bei einer Etappenplanung werden die Kinder von uns nur noch begleitet. Auf der Stufe der Begleitung müssen die Kinder die Verantwortung zum Teil selber übernehmen, ihre Lernsituation einzuschätzen und mit uns Lehrern ein Lerngespräch zu verlangen. Sie zeigen uns, wo sie stehen, und wir schätzen die Situation gemeinsam ein. Die grosse Herausforderung beim Individualisieren ist der Umgang mit Unter- und Überforderung. Bei Unter- oder Überforderung brauchen die Kinder etwas, bei dem sie «anhängen» können. In Situationen, in denen ich merke, dass es nicht geht, falle ich manchmal selber in eine schulmeisterliche Art zurück. Das sind Muster des Lehrerberufs, die ich vielleicht in der eigenen Lernbiographie mitbekommen habe, die aber meinen Zielen entgegenstehen. Es so hinzukriegen, dass eine gewisse Gelassenheit einkehrt und dass ich wirklich als Lernberater wirken kann, ist weiterhin ein Ziel.

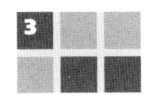

3 **Wochenplanunterricht**
Das Interview mit Silvan Stampfli führte Barbara Baumann

Silvan Stampfli arbeitet an einer Mittelstufe im Schulhaus Brühlberg, Winterthur. In diesem Schulhaus werden seit 7 Jahren aus pädagogischen Gründen Mehrjahrgangsklassen geführt. Die Lehrpersonen arbeiten mit Wochenplänen.

Barbara Baumann: Herr Stampfli, Sie unterrichten an einer Schule mit Mehrjahrgangsklassen. Wie begegnen Sie der Heterogenität im Unterricht?
Silvan Stampfli: Wir möchten die Kinder mit Unterrichtsplänen, die möglichst optimal auf ihr Können abgestimmt sind, dort abholen und fördern, wo sie stehen. Dazu haben wir Dreiwochenpläne für die Fächer Mathematik und Sprache erarbeitet. Sie beinhalten für die Klassenstufe abgestimmte Arbeitsaufträge und können nach oben oder unten an das Niveau der Kinder angepasst werden. Leistungsstarke Kinder erhalten Spezialaufträge, leistungsschwache Kinder erfüllen ein minimal festgelegtes Basisprogramm.

Was passiert, wenn ein Kind den Wochenplan innerhalb einer kürzeren Zeit erfüllt?
S.St.: Es gibt immer einzelne Kinder, die schneller fertig werden. Sie können innerhalb eines von uns festgelegten Rahmens weitere Aufgaben frei auswählen. In der Mathematik haben wir zum Beispiel Forschungskarten, bei denen es darum geht, selber etwas zu entdecken oder ähnliche Aufgaben zu erfinden. In der Sprache schreiben die Kinder z.B. im Jahrbuch, welches das Schuljahr dokumentiert, halten Vorträge oder präsentieren der Klasse ihre aktuelle Lieblingslektüre. In diesem Zusammenhang ist auch Corinnes Arbeit zum Papierschöpfen entstanden.

Diese Unterrichtsform ist sehr offen. Wie gelingt es den einzelnen Kindern, diese Freiheit zu nutzen?
S.St.: Es gibt Kinder, die sehr gut mit dieser Freiheit umgehen können und die Arbeitsform schätzen. Andere Kinder empfinden die Zusatzaufgaben als Strafe. Sie verstehen nicht, weshalb sie Zusatzaufgaben erfüllen sollen, wenn sie schnell gearbeitet haben. Meine Aufgabe in solchen Situationen ist es, mit dem Kind gemeinsam herauszufinden, was es als Nächstes tun kann. Es hat sich als nützlich erwiesen, Zusatzaufgaben bereitzuhalten, welche thematisch dem aktuellen Dreiwochenplan nahe stehen. Dadurch ist die Verbindung zu den Arbeitsgebieten aller Kinder gewährleistet.

Corinnes Anleitung für das Papierschöpfen

Sie haben bereits einiges über Ihre Rolle als Lehrperson im Unterricht gesagt. Welche Rollen erfüllen Sie sonst noch?
S.St.: Bei einer ausgeprägten Individualisierung des Klassenunterrichts ist die Begleitung des einzelnen Kindes zentral. Mit Hilfe der Wochenplanarbeit können die Kinder das «wer? was? wie? bis wann?» selber auswählen, d.h. sie entscheiden, welche Arbeiten sie alleine oder in einer Gruppe bis wann ausführen. Da nicht alle Kinder am Gleichen arbeiten, ist ihre Begleitung für mich intensiv, interessant und herausfordernd. Vergleicht man mit herkömmlichen Unterrichtsmethoden, so arbeiten Kinder nach meiner Erfahrung mit dem Dreiwochenplansystem engagierter und eifriger, obwohl ihre zusätzlichen Freiheiten faktisch gering sind. Sie spüren und schätzen die eigene Verantwortung.

Bei uns arbeiten die Kinder oft zu zweit. Da diese Arbeitsform in der Oberstufe unserer Gemeinde weniger eingesetzt wird, besteht die Gefahr, dass einige Kinder beim Eintritt in die Sekundarstufe zu Beginn etwas verunsichert werden. Wir zeigen daher unseren Schülerinnen und Schülern auch, wie man alleine arbeitet. Das Zusammentragen von Strategien und Hinweisen, wie man eine Aufgabe angehen und lösen kann, ist Bestandteil unseres Unterrichts. Die Kinder sollen ein eigenes Repertoire aufbauen, damit sie bei Schwierigkeiten immer über eine Auswahl an Problemlösungsstrategien verfügen.

Wird in der Klasse thematisiert, dass nicht alle Kinder an den gleichen Aufgaben arbeiten?
S.St.: Weil die Kinder das Arbeiten mit dem Wochenplan schon aus der Unterstufe kennen, ist dies für sie keine Frage. In Mathematik und Sprache arbeiten die Kinder normalerweise im Stoffgebiet ihrer Klassenstufe. Das Differenzieren über die Stufen hinaus geschieht häufiger im Fach Mensch und Umwelt. Interessanterweise ist es für die Kinder kein Thema, wenn Viertklässler am gleichen Stoffgebiet arbeiten wie Fünftklässler und umgekehrt. Wenn Kinder jedoch neu in die Klasse eintreten und die Wochenplanarbeit noch nicht kennen, sind sie besonders in der Einführungsphase erstaunt darüber, dass alle an etwas anderem arbeiten und sie ihr Thema selber auswählen sollen. Zu Beginn fragen sie oft, ob das was sie machen, richtig ist. Sie brauchen in den ersten Wochen meist eine engere Begleitung, bis sie mit Selbstvertrauen selbstständig arbeiten können.

Wie sehen in Ihrem Unterricht die gemeinschaftsbildenden Aktivitäten aus?
S.St.: Wenn man den ganzen Unterricht im Auge behält, macht der stark individualisierte Teil in den Fächern Sprache und Mathematik und das, was wir

freies Lernen nennen, ungefähr einen Drittel aus. Die Fächer Mensch und Umwelt, Zeichnen, Turnen usw. werden im ganzen Klassenverband unterrichtet. Ein tragendes Element der Gemeinschaftsbildung ist der Klassenrat, der von den Kindern nach einer Traktandenliste selber geleitet und protokolliert wird.

Gute Erfahrungen haben wir mit dem Gotte/Götti-System (Pate/Patin-System) gemacht: Auf Anfang des neuen Schuljahres suchen sich die älteren Schüler/innen ein Kind aus der vierten Klasse aus und begleiten es während der ersten Wochen, bis es eingearbeitet ist.

Auch der gemeinsame Beginn nach den Ferien mit allen Klassen, der Schulhausrat, gemeinsame Sportanlässe, altersgemischte Gruppen in den Projektwochen usw. sind wichtig für die Gemeinschaftsbildung.

Was können Sie zum freien Lernen sagen?
S.St.: Während einer Doppelstunde pro Woche können die Kinder alleine oder in Gruppen an eigenen Projekten arbeiten. Ihre Aufgabe ist es, das eigene Projekt innerhalb eines von mir festgelegten Zeitraums (z.B. während vier Wochen) selber zu planen und auszuführen. In der Planung des Kindes soll für die Lehrperson ersichtlich sein, welche Gedanken es sich zu seinem Thema macht. Dies ist für Mittelstufenkinder sehr anspruchsvoll, und sie dürfen nicht unvorbereitet dazu gedrängt werden. Manchmal können die Kinder die Themen ganz frei wählen, manchmal wird ein Themenbereich (Mensch und Umwelt, Sprache, Gestaltung) vorgegeben und sie können ein Unterthema bearbeiten. Eine weitere Vorgabe ist, dass das gewählte Thema im Schulhaus bearbeitet werden kann. Die Produkte der freien Arbeit sind unterschiedlich: Die einen schreiben z.B. einen Text oder Bericht, andere halten einen Vortrag oder gestalten etwas.

Was ist Ihrer Ansicht nach das wichtigste Element in Ihrem Unterricht, damit ein Kind seine Begabungen entfalten kann?
S.St.: Wir können dem Kind ein Angebot machen und uns Mühe geben, dieses so interessant wie möglich zu gestalten. Es gibt jedoch immer wieder Kinder, die mit unseren Vorgaben nicht umgehen können oder diese ablehnen. Dies führt manchmal zu Konflikten. Wir versuchen dann, das Kind zu ermutigen, seine Chance der freien Wahl innerhalb der von uns festgelegten Rahmenbedingungen wahrzunehmen. Der grosse Teil der Kinder ist jedoch begeistert von der freien Arbeit.

Wie sieht es mit der Unterrichtsvorbereitung aus?
S.St.: Wir arbeiten seit acht Jahren mit Dreiwochenplänen. Ihre Entwicklung war sehr aufwändig. Wir hatten die Vorbereitungen aufgeteilt, weil wir zwei Parallelklassen führen. Mein Kollege kümmerte sich um die Mathematik, und ich war für die Sprache verantwortlich. Heute werden die Pläne nur noch angepasst, z.B. wenn wir einzelne neue Elemente einbauen oder wenn ein neues Lehrmittel dies erfordert. Unsere Vorbereitung besteht heute vor allem im Bereitstellen der Materialien für die Kinder und im Erkennen, welche Problemstellungen, Grundbegriffe und Arbeitstechniken in der ganzen Klasse eingeführt werden sollen, damit sie nicht jedem einzelnen Kind erklärt werden müssen. Die Vorbereitung ist nicht aufwändiger als in einem andern Unterricht. Man arbeitet anders, und daran muss man sich gewöhnen.

Was möchten Sie noch ergänzen, das wir noch nicht angesprochen haben?
S.St.: Als Lehrer einer Schule mit Mehrjahrgangsklassen möchte ich betonen, dass dieses Konzept nicht an Mehrjahrgangsunterricht gebunden ist, sondern auch in einer Jahrgangsklasse umgesetzt werden kann. Dies wird ja auch gemacht.

Auf den ersten Blick ist es anspruchsvoller, die Übersicht über die verschiedenen Arbeiten der Kinder zu behalten. Ich sage «auf den ersten Blick», weil man in einem homogen geführten Unterricht zwar weiss, an welchem Thema die Kinder gerade arbeiten. Ohne Durchsicht der einzelnen Arbeiten weiss man aber auch nicht genau, wo sie stehen. Wir schauen regelmässig während des Unterrichts zusammen mit dem Kind seine Arbeiten durch. Das ist ein Teil der Begleitung seines Lernprozesses. Dafür muss man ausreichend Zeit einberechnen.

Wichtig ist für uns bei der individuellen Förderung auch, dass wir nicht defizitorientiert arbeiten. Wir geben bewusst Förderaufgaben in Gebieten, in denen die Kinder stark sind, so auch im gestalterischen oder sozialen Bereich.

4 Farben- und Formenlehre im Universikum
Franziska Landau

Es sind nun zwei Jahre, dass ich im Universikum Kunst unterrichte. In meinem Kurs finden sich Kinder mit Interesse und Begeisterung für Kunst, Malen und Zeichnen zusammen. Sie möchten selbstständig entdecken können, Erfahrungen machen und eigene Ideen umsetzen. Im Vergleich zu normal begabten Kindern benötigen sie dazu nur wenig Hilfe.

Mein Unterricht ist eine *Sehschulung*. Sehen können ist zentral und die Voraussetzung, um Bilder aus der Vorstellung oder Anschauung visualisieren zu können. Für mich bedeutet dies, dass ich Lern- und Übungsformen im Bereich der Farben- und Formenlehre einsetze, bei denen aktives Beobachten geübt, die Sinneswahrnehmung sensibilisiert und das Abstraktionsvermögen sowie das räumliche, bildliche Vorstellungsvermögen gefördert werden.

Im Folgenden möchte ich eine dreiteilige Unterrichtseinheit zum Thema «Mit Picasso durch die Farben- und Formenlehre» vorstellen. Als Einstieg in diese Einheit wähle ich die Vermittlung der Farbenlehre, damit die Kinder Grundkenntnisse erhalten und lernen, differenziert Farben zu sehen und anzuwenden. Dabei lernen sie Gouache- und Acrylfarbe, verschiedene Malgründe (Papiere, Karton), Instrumente und Techniken kennen. Sie erproben den Umgang damit, experimentieren und machen eigenständige Lernerfahrungen.

1. Teil: Die Vermittlung der Farbenlehre am Beispiel Blau – die Farbe von «jenseits des Meeres»

Ich bringe den Kindern einen Lapislazuli-Stein mit. Sie versammeln sich um dieses Anschauungsobjekt und dürfen den Stein genau betrachten. Sie entdecken sogleich seine verschiedenen Blautöne, insbesondere das tiefe Ultramarinblau, und sind sofort im Bann dieses Farbenspiels. Ich erzähle den Kindern, wie früher die Farbe Ultramarin aus dem Stein gewonnen und übers Meer transportiert wurde; daher der Name. Weil die intensive Aufmerksamkeit der Kinder nun geweckt ist, können wir uns im Anschluss an diese Betrachtung dem Künstler Pablo Picasso und seinen Werken der «blauen Periode» zuwenden. Ich zeige den Kindern das Bild von Picasso mit dem Titel «Das Leben». In diesem Werk sind die gegensätzlichen Themen Geburt und Tod, Liebe und Einsamkeit durch verschiedene Blautöne differenziert dargestellt. Die Kinder können alle Farbnuancen in der Zuordnung erkennen: Vom hellsten Blau beim Kind bis zur schwarz umrandeten Schattenfigur.

Lenas Rose mit rotem Dorn

In der Fortsetzung wähle ich das Bild «Die Gaukler». Die Farbe Blau ist hier punktuell am Horizont und Himmel, am Boden, in der Kleidung und auf der Haut der sechs abgebildeten Menschen eingesetzt. In dieser mehrfarbigen Komposition entdecken die Kinder das Blau im Bezug zu Rot- und Gelbtönen. Zur Wirkung des Bildes bemerkt ein Kind, dass sich die Menschen hier einsam fühlen. Ein anderes Kind erklärt, dass Blau seine Lieblingsfarbe ist, stellt aber verwundert fest, dass die Farbe auf dem Bild wenig strahlt.

Wir gehen diesen Eindrücken nach, indem die Kinder mit Hilfe von kleinen Farbkarten das Farbspektrum des Picasso-Bildes nachstellen. Dazu besprechen wir die Farbkontraste (hell-dunkel, warm-kalt, leuchtend-stumpf usw.), das Auftragen der Farbe (lasierend, pastos) und wie mit Hilfe von Wasser und der vorgefertigten Farben aus den Tuben das Blau variiert werden kann. Die Kinder mischen verschiedene Farbtöne, probieren Farbkombinationen aus und entdecken deren unterschiedliche Wirkung. Sie finden eigene Farbklänge und bringen diese in der nächsten Aufgabenstellung zur Anwendung.

Ich stelle ihnen die Aufgabe, ein Bild zu malen, in dem das Blau dominiert. Die Kinder begeben sich zu den Malwänden und arbeiten stehend mit Acrylfarben, grossen Malpapieren in verschiedenen Formaten und diversen Pinseln. Auffallend ist, dass die Kinder dezidiert arbeiten und ohne Vorzeichnung ihre Motive durch präzise Pinselführung zu Papier bringen. Lena zum Beispiel malt aus einem Guss in fliessendem Linienzug eine blaue Rose mit roten Dornen. Die «behütete» Blume steht im Zentrum in einer Art Torbogen und wird von verschiedenen Blaunuancen umgeben. Zuletzt tanzen Schneeflocken über das gesamte Bild und um die Rose herum.

Im Anschluss werden die Arbeiten individuell besprochen. Die Kinder äussern sich zu dem, was sie erfahren und gelernt haben. Es geht darum, zusammenzutragen, was gelungen ist, was verbessert werden kann und wie das weitere Vorgehen aussieht. Hin und wieder fordere ich ein Kind heraus, eine bestimmte Aufgabe nochmals zu versuchen, es immer ermutigend im Wissen um die Fähigkeiten des Kindes.

2. Teil: Kinder entdecken Kunst im Museum

Die Sehschulung findet im Kunsthaus seine Fortsetzung. Mit den Erkenntnissen aus dem Gebiet der Farben können die Kinder mit differenziertem Blick Werke der Kunst wahrnehmen und nebst der Farbgebung die Formensprache vertiefter ins Auge fassen. Am Beispiel von Picasso und weiteren Kunstwerken wird das Bewusstsein für die Formen geschult.

Wir versenken uns in die zwei kubistischen Werke von Picasso: «Guitare, verre et compotier avec fruits» und «Guitare sur un guéridon». Hinzu kommt «La chemineé» von Georges Braque, das wie die beiden Picassos die Formensprache speziell akzentuiert. Die drei Bilder stellen Stilleben mit Motiven dar, die häufig im Kubismus anzutreffen sind, nämlich Musikinstrumente, Früchte, Schalen usw. Diese sind in typisch kubistische, geometrische Formen zerlegt, was den Kindern sofort auffällt. Sie bemerken die vorwiegend eckige Formgebung, aber auch die runde Tisch- oder Gitarrenform. Ein Kind stellt fest, dass einige der Gegenstände zerstückelt sind. Ein anderes Kind ergänzt mit der Erkenntnis, dass die Form unterbrochen ist, dass aber, wenn man genau hinschaut, der Gegenstand noch immer erkennbar bleibt. Nun erkläre ich den Kindern, dass aus dem lateinischen Wort cubus (Würfel) die Bezeichnung Kubismus entstanden ist, und erzähle ihnen die Hintergründe zu dieser Stilrichtung. Zu einem späteren Zeitpunkt werden wir auf den Kubismus zurückkommen.

Anschliessend gebe ich den Kindern Zeit, aus der Anschauung zu zeichnen. Es gilt, komplexe Motive abzuzeichnen und visuell-räumliche und perspektivische Situationen zu erfassen. Die Kinder finden sehr schnell ein Bild oder Objekt, das sie herausfordert und das sie zeichnen möchten. Mir fällt immer wieder auf, dass jedes der Kinder deutliche Vorstellungen hat und genau weiss, womit es sich beschäftigen möchte. Einige Kinder legen sogleich los, während ein anderes Kind vorher genauestens überlegt, wie und wo es ansetzen möchte, damit die beobachtete Skulptur optimal auf dem Papier seinen Platz findet. Die Kinder sind konzentriert und vertieft in ihr Tun. Einige beschäftigen sich innig mit ausschliesslich einem Bild oder einer Skulptur, wobei sie alles um sich herum vergessen. Andere interpretieren in rasantem Lerntempo gleich mehrere Bilder.

Mit einem Gang von Raum zu Raum verschaffe ich mir Überblick über den Stand der Zeichnungen. Ich lasse die Kinder ungestört arbeiten, wo erwünscht gebe ich gezielte Hilfestellungen. Im Verlauf einer guten Stunde haben die Kinder unter anderem Werke von Brancusi, Maillol, Miró, Oppenheim, Delaunay, Picasso, Calder, Matisse und Van Gogh gezeichnet. Wir werden uns diesen entstandenen Werken in der nächsten Unterrichtseinheit widmen.

3. Teil: Anwenden
Im letzten Teil der von mir geschilderten Einheit wird das Gelernte und Erfahrene praktisch angewendet. Mit ihrer nun sensibilisierten Wahrnehmung für die Farben und Formen können die Kinder diese beiden Elemente differenziert zu einer einheitlichen Bildkomposition zusammenbringen.

Nach dem Besuch im Kunsthaus haben wir uns wieder im vertrauten Kursraum eingefunden, und die Kinder holen ihre im Museum entstandenen Zeichnungen hervor, die wir würdigen und reflektieren. Die Kinder teilen ihre Beobachtungen mit und beschreiben, was sie an den Bildern und Skulpturen, an den Künstlerinnen und Künstlern besonders interessiert. Das sind zum Beispiel das bewegte Formenspiel einer Skulptur von Alexander Calder, die geometrische Konstruktion eines Fritz Glarner-Bildes oder die Kreisformen von Robert Delaunay. Dessen Farbenspiel hat bei einem Kind den Eindruck erweckt, die Formen würden sich wie bei einem Karussell drehen.

Die Kinder dürfen nun eine Zeichnung auswählen und diese mit Pinsel und Farbe in grösserer Dimension auf Papiere im Format A2 bis A1 malen. Dazu wählen sie Farben, die ihre Komposition und die Formen hervorheben und den Ausdruck des Bildes verdeutlichen. Im Anschluss daran gebe ich den Kindern Aufgaben zur Ausweitung und Vertiefung, indem sie die Motive der entstandenen Bilder durch Farbe und Form variieren. Wie bei einer Musikkomposition bleibt auch hier das Thema erhalten. Wir sprechen über mögliche Variationen, darüber, was alles verändert werden kann, ohne dass das Motiv verloren geht.

Hester fand im Kunsthaus besonderen Gefallen an der Calder-Skulptur «Cello on a spindle» und malt nach einer ersten Skizze die Formen in der Kombination schwarz-rot. Bei der Variation stellt sie ihr Motiv spiegelverkehrt dar und dreht die Farbkombination um, was bedeutet, dass alles, was

Hesters Variationen zu «Cello on a spindle»

schwarz war, nun rot wird und umgekehrt. Sandra kleidet ihre zuvor rot gemalte Frauenskulptur in dunkles Grün, schmückt sie mit bunter Haarpracht und verwandelt den lebendig gelben Hintergrund in einen ruhig fliessenden, blauen Vorhang.

In einem nächsten Schritt wenden wir uns vertiefter dem Kubismus zu. Anhand von Bildern, welche ich den Kindern zur Reflexion mitbringe, fassen sie die für den Kubismus typischen Kennzeichen bezüglich Farbe, Form und Komposition zusammen. Durch diesen neuen Erfahrungs- und Erkenntnisstand sind sie in der Lage, im kubistischen Stil zu malen und eigene Lösungswege für die Realisierung zu finden. Das sieht zum Beispiel so aus, dass einige Kinder ihre bisherige Bilderreihe kubistisch weiterführen, oder dass direkt mit Pinsel und Farbe in kubistischer Malweise das Porträt eines Kindes entsteht. Auch mit der Collagen-Technik, den so genannten «Papiers collés» werden neue Bildkompositionen erprobt. Dazu kopiere ich den Kindern ihr Kubismus-Bild. Sie zerlegen die Kopie mit Hilfe der Schere und kreieren mit den entstandenen Formen neue Bildeinheiten.

Während des gesamten Lernprozesses sind die Kinder angehalten, ihr Skizzenheft zu benutzen, weil durch die Einträge die Auseinandersetzung mit dem Thema sichtbar wird und die Kinder so ihren Lernprozess selber immer wieder konsultieren können. Ein Kind hat beispielsweise das Menschenzeichnen entdeckt und stellt wiederholt Figuren und Gesichter in verschiede-

Sandras Variation einer Frauenskulptur

nen, perspektivischen Situationen dar. Oder es entstehen Bildergeschichten, und einige der Kinder schreiben ein Kurstagebuch. Sie notieren sich z.B., was am jeweiligen Kursmorgen gelaufen ist, was sie gerne gemacht haben, wie sie auf eine bestimmte Bildidee gekommen sind, oder sie beschreiben eines ihrer entstandenen Werke.

Alle Kinder legen sich im Skizzenheft auch ein Farbenlexikon an, indem sie verschiedenste Farbpapiere, Folien, Karton, Faden, Stoffreste usw. sammeln, Farbgruppen bilden und die einzelnen Farbtöne mit Farbnamen versehen. Das reicht dann von käsegelb, zirkuszeltrot über mondmeerblau bis froschteichgrün. Sie ergänzen die Farbgruppen mit jeweils einem Bild; ein Kind schreibt zusätzlich Farbengedichte.

Meinen Mosaikbeitrag möchte ich gerne mit einem solchen Eintrag ins Skizzenheft beenden.

    Blau ist manchmal auch grau
    Und am Zaun
    Steht ein Clown und sagt:
    Grau ist manchmal auch blau

    Farbgedicht von Lara

Papier collé von Carla

Begabungs- und Begabtenförderung im Schulhausteam

Barbara Baumann

In den folgenden Mosaiksteinen wird einerseits die Bedeutung der Zusammenarbeit innerhalb des Schulteams für die Begabungs- und Begabtenförderung beschrieben, andererseits werden klassen- und schulhausübergreifende Fördermöglichkeiten vorgestellt.

Zur Begabungsförderung im Unterricht schreibt Strittmatter (1999, S. 156): «Die erforderlichen pädagogischen und didaktischen Kompetenzen können im stützenden Rahmen des Teams leichter erworben und vor allem leichter praktiziert werden, als wenn Einzelgängerinnen und Einzelgänger dies einsam oder gar gegen eine vorherrschende Schulhauskultur tun müssen.» Die Zusammenarbeit zwischen Fachpersonen kann sich befruchtend auf die Unterrichtsentwicklung auswirken. Zudem ist es auch notwendig, dass das Schulteam Einzelinitiativen mitträgt und die Entwicklung eines begabungsfördernden Unterrichts immer wieder im Rahmen von Weiterbildung und Beratung im Schulteam thematisiert wird (Mosaikstein 5).

Im Schulteam lassen sich klassenübergreifende Massnahmen zur Begabtenförderung realisieren. Dazu gehört z.B. das *altersdurchmischte Lernen*. Kinder werden entsprechend ihren individuellen Leistungen, Begabungen oder Interessen in periodischen Abständen (z.B. einmal wöchentlich) oder für Projektwochen zusammengefasst. In altersdurchmischten Lerngruppen haben die Kinder offensichtlich einen unterschiedlichen Entwicklungsstand, wodurch das Prinzip der Individualisierung selbstverständlich wird. Durch die natürliche Verschiedenheit entfallen Konkurrenzsituationen, und die soziale Kompetenz der Schülerinnen und Schüler wird gestärkt. Ein weiteres Beispiel von schulhausübergreifender Begabtenförderung ist das *Lernatelier* (Mosaikstein 6).

Auch bei *Beschleunigungsmassnahmen* ist eine enge Zusammenarbeit der Beteiligten notwendig. Generell wird das Überspringen von den Eltern, den Kindern und den Lehrpersonen positiv bewertet. Die wichtigsten Vorteile sind in der kognitiven Förderung und in der höheren Zufriedenheit und Motivation des Kindes zu sehen. Schwierigkeiten gibt es teilweise mit der Bewältigung der sozial anspruchsvollen Situation in der neuen Klasse (vgl. Ammann & Bähr, 2000; 2001). Eine Schule mit Mehrjahrgangsklassen (vgl. Mosaikstein 8), in den ersten Schuljahren aber auch die Grund- oder Basisstufe, vereinfacht das Überspringen für das Kind, weil es in seiner Bezugsgruppe bleiben kann.

Beschleunigungsmassnahmen sind dann erfolgreich, wenn die verschiedenen Massnahmen möglichst unbürokratisch und mit kurzen Entscheidungswegen realisiert werden, alle Beteiligten flexibel und anpassungsfähig reagieren, eine fachliche Begleitung erfolgt, regelmässige Standortbestimmungen durchgeführt werden und die beteiligten Lehrpersonen (abgebende und aufnehmende) die Massnahme voll und ganz unterstützen (Bründler und Spitzer, 1999). Die Mosaiksteine 7, 8 und 9 geben einen Einblick, wie diese Prinzipien in der Praxis umgesetzt werden.

Beim *Teilunterricht in höheren Klassen* bleibt das Kind in seiner Klasse integriert, besucht aber in Fächern, in denen es hohe Schulleistungen zeigt, eine höhere Klasse (Mosaikstein 9). Ein Kind kann den Schulstoff einer höheren Klasse auch innerhalb seiner Jahrgangsklasse bearbeiten. Bei einem Übertritt muss aber gewährleistet werden, dass diese Massnahme weitergeführt wird. Einmal mehr verweist dies auf die Bedeutung der stufenübergreifenden Zusammenarbeit im Schulhausteam und die Entwicklung einer gemeinsamen Sprache über Unterricht, insbesondere über Förderthemen (Strittmatter, 1999).

5 Unterrichtsentwicklung als Teamarbeit
Das Interview mit Jürg Willimann und Werner Fessler[5] führte
Barbara Baumann

Barbara Baumann: Wie sind Sie dazu gekommen, nicht mehr in Jahrgangsklassen zu arbeiten?
Werner Fessler: Die Idee der jahrgangsgemischten Klasse schwebte uns von Anfang an vor, weil dadurch auf eine selbstverständliche Art eine gewisse Durchlässigkeit gewährleistet ist. Sie liegt, sobald man Verschiedenheit als Qualität annimmt, als mögliche Alternative auf der Hand. Zudem war ich als Förderlehrer unzufrieden damit, dass ich die Kinder aus der Klasse nehmen musste. Mir fiel auf, dass die betroffenen Kinder die Lernziele nicht kannten und nicht von sich aus wussten, woran sie arbeiten sollten. Ich thematisierte mein Unbehagen und wir einigten uns darauf, den Unterricht lernzielorientierter zu gestalten.

Wie sind Sie Ihr Projekt angegangen?
W.F.: Es war ein laufender Prozess. Bis letzten Sommer haben wir uns vor allem mit Lernzieldifferenzierung, Individualisierung und Lerntechniken auseinander gesetzt.
Jürg Willimann: Wir nehmen an Tagungen teil, lesen Literatur zum Thema und probieren neue Ideen aus. Darauf folgt die gemeinsame Reflexion der Erfahrungen. An einen Primarlehrer werden komplexe Anforderungen gestellt. Als Regelklassenlehrer bin ich ihnen alleine kaum gewachsen. Im Team fällt das viel leichter. Wir haben uns deshalb bewusst Zeit für die Zusammenarbeit reserviert.

Wie sieht Ihre Zusammenarbeit konkret aus?
J.W.: Am Mittwochnachmittag sitzen wir normalerweise zwei bis vier Stunden zusammen, werten rückblickend Erfahrungen aus oder planen neue Module und Unterrichtseinheiten. Manchmal stellen wir auch ganz konkret Unterrichtsmaterialien her.
W.F.: Bis jetzt haben wir in allen Schulferien mehrere Tage für die Vorbereitung eingesetzt. Das machen andere Lehrer auch. Wir koordinieren aber unsere Arbeit terminlich und vor allem auch inhaltlich. In den Sommerferien 2002 haben wir z.B. das Konzept für die Jahrgangsmischung verfasst.
Wie haben Sie Ihr Konzept dann konkret umgesetzt?

---

5 In diesem Kapitel informieren J. Willimann und W. Fessler über ihre Zusammenarbeit. Ihr Unterrichtsprojekt wurde bereits im Mosaikstein 2 vorgestellt.

W.F.: Wir haben das Konzept der Schulpflege vorgestellt. Diese hat entschieden, dass wir die Jahrgangsmischung vorerst während zwei Jahren durchführen können. Danach haben wir die Eltern informiert. Entgegen unseren Erwartungen gab es von dieser Seite kaum Widerstand.

Innerhalb des Schulhausteams erforderte die Zustimmung zu unserem Projekt einen langen Prozess. Einige Lehrerinnen und Lehrer befürchteten, dass sie ihren Unterricht ebenfalls umstellen müssten. Wir thematisierten das Projekt an mehreren Teamsitzungen und Weiterbildungstagen. Bei einem solchen Vorhaben ist es wichtig, dass es vom ganzen Schulhaus getragen wird. Wir verlangten deshalb, dass das Team Stellung bezieht, und erhielten mehrheitlich eine wohlwollende Unterstützung.

Das Projekt wird von einer Resonanzgruppe begleitet, die zusammengesetzt ist aus Behördemitgliedern und Lehrerinnen und Lehrern aus dem Schulkreis. Bei der Evaluation des Projekts hilft uns der Forschungsbereich Schulqualität & Schulentwicklung (FS&S) des Pädagogischen Instituts der Universität Zürich. Wir haben im Sommer 2003 mit dem Projekt begonnen. Es läuft bis jetzt gut.

J.W.: Uns ist auch der Einbezug der Eltern wichtig. Wir haben ihnen am ersten Elternabend angeboten, dass sie jeden Donnerstagmorgen unangemeldet auf Besuch kommen können. Das Angebot wird regelmässig genutzt.

Gibt es andere wichtige Punkte, die ich noch nicht angesprochen habe?
J.W.: Ich finde die Frage der Nachhaltigkeit wichtig. Bricht ein solches Projekt zusammen, wenn die am Aufbau beteiligten Fachpersonen die Schule verlassen? Das dürfte nicht sein. Eine Schule braucht ein pädagogisch begründetes Leitbild, das sie weiterentwickeln muss und das von nachhaltiger Wirkung sein soll. Das heisst z.B., dass in der Anstellungspolitik Nachfolger/innen gesucht werden müssen, welche sich mit einem solchen Projekt identifizieren können.

Wir glauben, dass unser Beispiel Schule macht und zu einem Modell für unser Schulhaus werden könnte. Dieser Entscheid liegt aber beim Team, das im nächsten Herbst mitbestimmen wird, ob das Projekt im heutigen Rahmen weitergeführt oder gar ausgeweitet wird. Mir würde es gefallen, wenn sich unser Schulhaus als Gesamtschule entwickeln würde und es nur noch eine Mittel- und eine Unterstufe gäbe.

W.F.: Wichtig ist uns auch die Qualitätssicherung. Unsere gemeinsame Reflexion ist ein wesentlicher Bestandteil davon. Wenn man sich auf die Öffnung des Unterrichts einlässt, wird man auch verunsichert. Fragen kommen auf, ob dies gerechtfertigt sei, ob man die Ziele erreichen wird und ob das, was man macht, auch für Kinder und Eltern nachvollziehbar ist. Dadurch, dass wir das zu dritt machen und auch gemeinsam nach aussen kommunizieren, stützen wir uns gegenseitig. Zudem finden wir in Weiterbildungsveranstaltungen immer wieder Bestätigungen für unser Vorhaben. Diesen Rückhalt muss man sich holen.

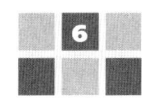

Lernatelier
Das Interview mit Lilly Specker und Susi Schnüriger führte Barbara Baumann

Lilly Specker unterrichtet eine zweite Klasse im Schulhaus Schönbrunn in Rorschach. Sie ist seit sieben Jahren Schulleiterin und Initiantin des Lernateliers.

Susi Schnüriger ist Förderlehrerin und leitet die Begabungsförderung in Rorschach. Seit Februar 2004 findet der Förderunterricht im Schulhaus Schönbrunn statt, was eine intensive Zusammenarbeit mit dem Lernatelier ermöglicht.

Barbara Baumann: Aus welchen Gründen haben Sie sich entschlossen, ein Lernatelier einzurichten?
Susi Schnüriger und **Lilly Specker:** In jeder Klasse gibt es begabte Kinder. Für eine einzelne Lehrperson ist es sehr aufwändig, eine breite Palette an Förderangeboten für diese Kinder bereitzustellen. Es macht wenig Sinn, dass Arbeitsreihen, Lernspiele usw. für jede Klasse und von jeder Lehrperson neu zusammengestellt werden. Wir wollten dieses Einzelkämpfertum aufheben. Zudem hatten wir in Rorschach ein Forum zum Thema Begabungsförderung, das uns für diese Thematik sensibilisierte. In der Gemeinde wurde darauf eine Fördergruppe für alle Kinder mit besonderen Fähigkeiten eingeführt. Da wir im Schulhaus Schönbrunn ein leeres Zimmer zur Verfügung hatten, hofften wir, dass die Fördergruppe zu uns kommt und dass für sie ein Raum mit Materialien, Spielen, Arbeitsreihen usw. gestaltet würde, den auch wir nutzen könnten. Da unser Schulhaus aber sehr peripher liegt, wurde dieser Wunsch nicht erfüllt. Darauf entschlossen wir uns, selber ein Lernatelier zu gestalten, in dem Fördermaterialien für die Kinder vorhanden sind.

Wie sind Sie das Projekt konkret angegangen?
S.S. und **L.S.:** Im Leitbild unseres Schulhauses steht unter anderem: «Wir sehen unsere Schule als Bildungslandschaft, in welcher der Mensch und die Entfaltung seiner Fähigkeiten im Zentrum stehen.» Als Umsetzungsziel dieses Leitsatzes beantragten wir beim Schulrat, ein Lernatelier zu eröffnen.

Wir stellten uns einen Raum vor, in dem den Kindern die Möglichkeit geboten wird, selbstständig und selbsttätig zu lernen – nach freier Wahl. In einem Lernatelier sollten die Kinder Folgendes machen können: Schulstoff vertiefen, experimentieren, knobeln, mutmassen und überprüfen, Erkenntnisse und Einsichten gewinnen, ihre Kreativität fördern, eigene Arbeiten dokumentieren und vieles mehr.

Alisa und Soraia vertiefen sich in Geografie

Mit dem Team überlegten wir uns an Hand des Lehrplans, welche Bereiche wir abdecken möchten. Wir wollten den Stoff des Lehrplanes nicht vorausnehmen, sondern erweitern und vertiefen. Daraufhin begannen wir einzelne Themen zu bearbeiten. Alle Lehrerinnen und Lehrer unseres Teams durchforsteten die Schulzimmer und Flohmärkte nach geeignetem Material für das Lernatelier. Immer wieder stellen begeisterte Lehrpersonen während der Ferien neue Lernmaterialien her. Auch die Kinder der Fördergruppe leisteten ihren Beitrag zum Lernatelier. Sie stellten z.B. im Zusammenhang mit dem Thema Akustik einen Ordner mit 20 Arbeitsblättern mit Experimenten her. Die Fördergruppe machte danach für alle Klassen, die sich dafür interessierten, eine Einführung ins Thema. Zudem liefert die Fördergruppe ihre Projektarbeiten ins Lernatelier. Eine Arbeit ist z.B. dem Verhalten der Rennmäuse gewidmet. Die Kinder der Fördergruppe entwerfen auch Spiele für das Lernatelier. Diese Arbeiten, Anleitungen für Experimente und Spielanleitungen, sind besonders geeignet für das Lernatelier, da sie in der Sprache der Kinder verfasst sind. Wir konnten aber auch noch von weiteren Helfer/innen profitieren. Sehr schön war z.B., dass das Werkjahr der Oberstufe für das Lernatelier verschiedene Spiele herstellte. Pädagogikstudentinnen schufen in einem Wahlfach Angebote für unser Atelier, und begeisterte Besucher/innen lassen uns immer wieder Materialien zukommen. Sie sehen, das Lernatelier wird aus verschiedenen Quellen gespeist.

Borislav notiert seine Erkenntnisse im Lerntagebuch

In der Zwischenzeit stehen den Kindern Materialien in folgenden Bereichen zur Verfügung:
- Mensch und Umwelt
  - Natur und Technik
  - Räume und Zeiten
  - Individuum und Gemeinschaft
- Mathematik
- Deutsch
- fremde Sprachen und fremde Schriftzeichen
- Phänomene
- Lernspiele
- Experimentieren
- eine Sinnes- und eine Steinwerkstatt

Wie wird das Lernatelier von den Kindern konkret genutzt?
S.S. und **L.S.**: Die Arbeit im Lernatelier ist bei uns im Stundenplan eingetragen. Normalerweise haben wir dafür zwei Lektionen pro Woche vorgesehen. Kinder, welche sich in ein bestimmtes Thema vertiefen möchten oder hohe Lernkapazitäten haben, besprechen mit ihrer Klassenlehrerin, ob sie auch alleine im Lernatelier arbeiten dürfen. Die Kinder gehen sehr sorgsam mit den Angeboten um, wenn sie alleine im Atelier arbeiten. Es wäre schön, wenn wir jemanden einsetzen könnten, der diese motivierten Kinder zu festen Zeiten im Lernatelier betreut.

Alena und Drilona bei statischen Versuchen

Im Lernatelier stehen die verschiedensten Angebote für die Kinder zur Verfügung. Wie stark werden die Kinder angeleitet? Wie sieht die Betreuung durch die Lehrperson aus?
S.S. und **L.S.**: Die Kinder dürfen frei entscheiden, woran sie arbeiten möchten. Sie führen ein Heft, in dem sie nach jedem Besuch protokollieren, was sie gemacht haben. Wenn wir sehen, dass einzelne Kinder immer das Gleiche tun, animieren wir sie, etwas Neues auszuprobieren. Die Klassenlehrpersonen führen auch immer wieder einzelne Elemente ein, bis die Kinder damit genügend vertraut sind. Symbole, welche von den neun Intelligenzen nach Gardner abgeleitet sind, kennzeichnen die verschiedenen Bereiche und sind Orientierungshilfe für die Kinder bei der Wahl ihrer Arbeit. Die Kinder verwenden die Symbole auch in ihrem Portfolio. Das gibt einen Hinweis für die Lehrperson, in welchen Bereichen das Kind Stärken hat. Am Ende der Stunde tauschen sich die Kinder über ihre geleisteten Arbeiten aus. Daraus beziehen einzelne Kinder auch eine Anregung für ihre weitere Wahl.

Besonders erfreulich am Lernatelier ist, dass die Kinder für ihr Lernen Eigenverantwortung übernehmen können und sich z.B. über längere Zeit mit einem Thema befassen dürfen. Dies funktioniert aber nur, wenn die Lehrperson ihre Funktion als Coach für die Kinder wahrnimmt.

Iswariya erforscht akustische Phänomene   *Yvan ist vertieft in ein Geschicklichkeitsspiel*

Welche Vorteile haben die begabteren Schülerinnen und Schüler im Lernatelier?
S.S. und **L.S.**: Die Kinder können Themen auswählen, welche sie auch wirklich interessieren. Die Aufgaben sind so konzipiert, dass die Kinder direkt auf dem ihnen entsprechenden Niveau einsteigen können und nicht erst langweilige Übungsaufgaben durchackern müssen. Wichtig sind auch die vielen Materialien, die ihnen zur Verfügung stehen, und die offenen Fragestellungen, mit denen sie im Lernatelier konfrontiert werden.

Viele begabte Kinder lieben Experimente. Wir haben in dieser Woche in der Fördergruppe z.B. einen Ingenieur eingeladen, welcher über die Standfestigkeit von Leuchttürmen in der Bretagne referiert hat. Im Lernatelier wird ein Kind nächste Woche mit verschiedenen Messgeräten die physikalischen Gesetze selber nachvollziehen.

Was würden Sie einem Schulhausteam, das ein Lernatelier einrichten möchte, empfehlen?
S.S. und **L.S.**: Die zeitliche Belastung ist zu Beginn sehr gross. Es müssen genügend finanzielle Mittel und Zeit für die Vorbereitungen eingeplant werden. Wir haben unter anderem auch Sponsoren gesucht. Da wir keine Vorbilder hatten und ein Pionierprojekt starteten, sind viele Entwicklungen erst

über Umwege zustande gekommen, was aber auch einen Zuwachs an bereichernden Erfahrungen bedeutet. Wir mussten z.B. die Verantwortlichkeiten für den Raum regeln. In unserem sehr kleinen Frauenteam sind alle gemeinsam dafür verantwortlich, dass es reibungslos klappt. In grösseren Schulhausteams müssten vielleicht Zuständigkeitsgruppen gebildet werden. Ein eingerichtetes Lernatelier ist nie fertig! Es soll nicht zu einem Museum verkommen. Wir evaluieren und entwickeln laufend weiter. Es braucht Mut, neue Materialien einzubringen und andere zu entfernen. Feedbacks und Rückmeldungen der Besucherinnen und Besucher geben uns wertvolle Anregungen für Neuerungen und Verbesserungen.

In einem Lernatelier können alle Kinder Freude am Lernen haben. Darum zeigen wir interessierten Schulteams aus andern Gemeinden gerne, wie ein begabungsfördernder Unterricht für alle Kinder in jeder Klasse und jedem Schulhaus stattfinden kann. Interessierte können bei uns auch eine Broschüre beziehen.

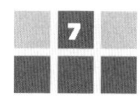

7 Früheinschulung eines Kindes
Elisabeth Müller

Der Übergang vom Kindergarten in die Schule

Ich arbeite in einem Dorf im Kanton Aargau als Heilpädagogin im Kindergarten und gleichzeitig in der Unterstufe. Es ist mir dadurch möglich, früh eingeschulte Kinder auch nach ihrem Übertritt in die Schule weiterzubegleiten. Mein primärer Auftrag für den Kindergarten lautet: Beobachten, beraten und unterstützen in Übertrittsfragen. In der Primarschule betreue ich die Kinder mit besonderen Bedürfnissen integrativ (im Teamteaching mit den Klassenlehrpersonen). In seltenen Fällen kann ich als Heilpädagogin auch zur gezielten Hilfe für Kinder, die auf einen Therapieplatz (Logopädie, Psychomotorik, Ergotherapie) warten, beigezogen werden.

Im März 2003 wurde ich von Milets Eltern (auf Anraten der Schulpflegepräsidentin) und der Kindergärtnerin um Unterstützung und Beratung gebeten. Milet, 5 Jahre, war im ersten Kindergartenjahr. Er wirkte im Kindergarten zufrieden, hatte aber wenig soziale Kontakte. Kognitiv war er den Kindergärtnerinnen als überdurchschnittlich weit entwickelt aufgefallen; gleichzeitig beobachteten sie im motorischen Bereich und in der Konzentration Schwierigkeiten. Die Eltern berichteten den Kindergärtnerinnen und mir von Milets Unzufriedenheit und Schlafproblemen und orientierten über eine ärztliche Abklärung, die ihrem Sohn einen kognitiven Vorsprung von ungefähr einem, in einzelnen Bereichen sogar bis zu zwei Jahren bestätigte. Auch habe Milet sich im Oktober 2002 selber das Lesen beigebracht. Seither sei er sehr unzufrieden. Die Eltern vermuteten, dass die Ursachen für die Unzufriedenheit und die Schlafstörungen in der Unterforderung zu suchen seien. Die Kindergärtnerinnen teilten den Eltern mit, dass sie bei Milet die weit fortgeschrittene kognitive Entwicklung sehen, jedoch auch Probleme im motorischen und sozialen Bereich sowie in Konzentration und Arbeitshaltung feststellen.

Obwohl sich keine Seite direkt über die andere beklagte, war mir klar, dass die Situation angespannt war. Die Eltern fokussierten vor allem die Unterforderung, die Kindergärtnerinnen sahen die sozialen und motorischen Probleme. Das Thema Früheinschulung lag in der Luft, wurde aber nicht ausgesprochen.

Unser Weg bis zum Früheinschulungsentscheid
Ich bemühte mich, mit meinen Interventionen möglichst viele Vermutungen durch reale Erfahrungen zu belegen oder zu entkräften. In dieser Absicht baten die Kindergärtnerinnen als Erstes um Einsicht in den ärztlichen Bericht zum Entwicklungsstand von Milet. Als zweiten Schritt riet ich den Kindergärtnerinnen, mit den Eltern eine Probeversetzung in die Kindergartengruppe der Sechsjährigen zu diskutieren. Im April schrieben die beiden Kindergärtnerinnen einen entsprechenden Antrag an die Schulpflege mit dem Hinweis, dass ein definitiver Entscheid für eine Früheinschulung erst kurz vor den Sommerferien gefällt werden würde. Als dritte Massnahme besuchte ich den Kindergarten in den Monaten April, Mai und Juni sechsmal einen Nachmittag lang. Die ersten zweimal versuchte ich Milet über sein Lieblingsthema, die Dinosaurier, in den Bereich von Schreiben und Malen zu führen. Er liess sich gerne auf das Thema ein, musste aber für Arbeiten mit dem Stift kräftig ermuntert werden. Beim Zeichnen meinte er, das könne er nicht. Beim Schreiben gerieten die Buchstaben in die unterschiedlichsten Grössen und Richtungen. Die folgenden Male (Milet war bereits in der Kindergartengruppe der Sechsjährigen) gestalteten die Kindergärtnerinnen Arbeiten, bei denen ich als Gast mitmachte und dabei vor allem Milet begleitete und beobachtete. Die Aufträge waren so angelegt, dass Milets Fähigkeiten in der Feinmotorik und seine Buchstabenkenntnis zu sehen waren. Einmal formten die Kindergärtnerinnen Buchstaben aus Knetmaterial. Milet hatte damit kein Problem und gestaltete aus einer der Würste mit sicherem Griff und gekonnt eine Schlange mit offenem Mund. Hier war keine motorische Ungeschicklichkeit zu sehen.

Milet reagierte deutlich auf die Umteilung in die Gruppe der Sechsjährigen: Er wirkte ausgeglichener. Sozial war er besser integriert, und seine Kommunikation war aktiver als vorher. Natürlich waren die motorischen Schwierigkeiten nicht verschwunden, aber Milet stellte sich ihnen vermehrt. Den Arbeiten mit Papier und Bleistift wich er nicht mehr aus; die hohe Konzentration und Anstrengung waren ihm anzusehen, doch er scheute sie nicht mehr.

Anfang Juni trugen Eltern, Kindergärtnerinnen und Heilpädagogin ihre Erfahrungen zusammen. Die Eltern berichteten, dass Milet zuhause ausgeglichener sei, er lache wieder und die Schlafstörungen seien ganz verschwunden. Für ihren Sohn sei klar, dass er im Sommer in die Schule gehen würde. Auch die Kindergärtnerinnen hatten beobachtet, dass Milet davon ausging, mit «den Grossen» im Sommer in die Schule zu gehen. Der Schluss lag nahe: Früheinschulung. Die Probleme in der Motorik wurden nicht unter den Tisch gekehrt, sondern abgeklärt. Wir baten die Eltern, einen Antrag auf Früheinschulung an die Schulpflege zu stellen, und wir Lehrpersonen verfassten gemeinsam eine Stellungnahme zum Antrag. Milet geht inzwischen in die erste Klasse. Abklärungen zum motorischen Entwicklungsstand hatten ergeben, dass eine Therapie für die geringen Schwierigkeiten nicht angezeigt sei. Milet macht seine Schreibentwicklung also ohne therapeutische Hilfe. Er bewältigt seine schriftlichen Arbeiten gut und willig, wenn auch mit etwas grösserer Anstrengung als andere Kinder.

Im Dezember teilten die Eltern mit, dass Milet sich wieder gelegentlich langweile und er auch wieder Schlafprobleme habe. Nach einem Gespräch zwischen Eltern und Klassenlehrperson legten sich die Schlafprobleme wieder. Möglicherweise hatte Milets Anspannung mehr mit den Auseinandersetzungen mit einer Klassenkameradin zu tun als mit der Unterforderung. Dennoch suchte ich im Rahmen meiner Begabungsförderungsstunde mit Milet das Gespräch. Ich fragte ihn nach seiner Befindlichkeit im Leseunterricht, denn ich vermutete, dass er sich dort langweilen könnte. Ich hatte Milet nämlich in einer Lesegruppe (6 beste Leserinnen und Leser der Klasse) erlebt. Als ich den Kindern sinnfreie Texte vorlegte, konnten drei auch diese fliessend lesen. Milet war einer dieser drei. Auf meine Frage zum Leseunterricht formulierte er überzeugend: «Lesen macht Spass!» Im weiteren Gespräch erfuhr ich, dass Lesen eine seiner Lieblingsbeschäftigungen ist.

Zum Rechnen meinte er: «Manchmal ist es etwas schwierig und langweilig». Ich versuchte herauszufinden, ob er hier unterfordert sein könnte. Milet rechnet nur im 1. Zehner automatisiert, bezüglich zweiter Zehner oder Zehnerübergang bewegt er sich im Rahmen der Klasse. Im Zahlenbuch liess ich mir eine «schwierige» Seite zeigen. Auf meine Frage, was daran schwierig gewesen sei, antwortete er: «Ausmalen». Zum Ausdruck langweilig erhielt ich keine klaren Antworten. Ich vermute, dass Milet «langweilig» gebraucht, wenn es lange dauert, und zwar eine lange Dauer, bis er verstanden hat, oder eine lange Dauer, bis er die individuelle Arbeit beginnen kann. Diese Interpretation würde Sinn machen, denn Milet ist im Denken und im Handeln sehr schnell. Langsamkeit dürfte für ihn anstrengend und nervenaufreibend sein – eben langweilig. In diesem Bereich muss ich Milet weiter beobachten.

Schlussüberlegungen

Ich habe die Situation eines Knaben beschrieben, möchte aber nicht den Eindruck erwecken, dass es vorwiegend Knaben seien, die früh eingeschult würden. Wir haben ungefähr gleich viele Mädchen und Knaben, die vorzeitig in die Schule gehen. Der Entscheid bei den Mädchen ist aber oft leichter zu fällen, da sie häufig sowohl in der Arbeitshaltung als auch in der Motorik sehr gut entwickelt sind. Ich habe für diesen Artikel einen Fall gewählt, der uns mehr Fragen aufgegeben hat und von uns mehr Interventionen verlangte, um zu einer Empfehlung zu kommen. Die beschriebene Früheinschulung ist nicht die erste, die ich begleitet habe. Ich kenne auch die Schritte in der ersten Klasse. Daher möchte ich abschliessend noch auf ein paar Punkte hinweisen, die ich aufgrund meiner Erfahrung als wichtig erachte:

Die Tatsache, dass ich als Heilpädagogin sowohl den Kindergarten auch die Unterstufe betreue, ist eine grosse Hilfe, denn es ist wichtig, dass die empfangende Lehrkraft die Früheinschulung bejaht. Es wäre sehr belastend gewesen, wenn Milet in der ersten Klasse Skepsis entgegengebracht worden wäre und er täglich hätte beweisen müssen, dass die Massnahme richtig war. Milet muss nicht zeigen, dass er intelligenter oder weiter entwickelt ist als die andern Kinder der Klasse. Es reicht vollkommen aus, wenn er sich im Mittelfeld bewegt.

Die altersgemischten Kindergartengruppen sind ein grosser Vorteil. Milet musste nach der Umteilung zu den älteren Kindern seine Gruppe nicht wechseln, sondern gehörte weiter zu seinen bisherigen Kameradinnen und Kameraden. Er wurde nur neu zu den «Grossen» gezählt und besuchte damit an drei zusätzlichen Halbtagen den Kindergarten.

Wenn eine Früheinschulung erwogen wird, müssen das Wohlbefinden des Kindes und seine kognitiven Fähigkeiten im Vordergrund stehen. «Motorische Unreife» und «emotionale/soziale Unreife» dürfen uns nicht dazu verleiten, von einer Beschleunigungsmassnahme abzusehen. Wie wir im Fall von Milet gesehen haben, können sich diese «unreifen Bereiche» im neuen Kontext ganz anders darstellen. Als Gradmesser für die Richtigkeit der Massnahme stand für mich das Wohlbefinden Milets im Vordergrund. Ich bin mir darüber im Klaren, dass die Eltern dem Kind näher stehen als die Lehrpersonen und entsprechend Wohlbefinden oder Unwohlsein ihres Kindes deutlicher erkennen. Milet fiel im Kindergarten nicht stark auf. Zuhause waren seine Reaktionen aber massiv. Es war meine Aufgabe, bei den Lehrpersonen für die Sicht zu werben, dass die Eltern aus echter Sorge und nicht aus Prestigegründen gekommen seien, dass ihre Schilderungen mit grösster Wahrscheinlichkeit richtig seien und uns nur ein Veränderungsversuch mehr Klarheit bringen könne. Die Lehrpersonen haben diese Perspektive übernommen und dadurch einen Versuch ermöglicht.

Als Letztes möchte ich zu mutigen Taten ermuntern. Mutige Taten beinhalten immer auch Risiko. Das Risiko darf uns jedoch nicht zur Untätigkeit verleiten. Ein Kind, das früh eingeschult wird und dann überfordert ist, kann auch in den Kindergarten zurückkehren. Wenn es sich im Kindergarten wohler fühlt, ist es für das Kind eine Erleichterung. Zu einer Kränkung wird es nur dann kommen, wenn die Erwachsenen daraus eine Prestigefrage machen.

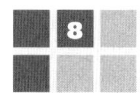

8 Überspringen ohne Klassenwechsel?
Die Schule mit Mehrjahrgangsklassen macht es möglich
Susanne Halter

Vorbemerkung

Die Schule mit Mehrjahrgangsklassen ist eine traditionelle Schulform. Heute wird diese Form hauptsächlich in kleineren Landgemeinden, in Privatschulen oder in Städten praktiziert, wenn sich zu wenig Kinder für eine Jahrgangsklasse zusammenfinden. So werden schulpflichtige Kinder verschiedener Jahrgänge zu einer Klasse zusammengefasst und gemeinsam unterrichtet. Lange Zeit empfand man die Schulen mit Mehrjahrgangsklassen als Notlösung. Heute wird die Schule mit Mehrjahrgangsklassen mancherorts wieder als pädagogisch wertvoll anerkannt, und es wird ihr zugestanden, dass sie Schulen mit Jahrgangsklassen in einigen Aspekten überlegen ist. Seit sieben Jahren führen wir mitten in der Stadt Winterthur die Brühlberg Schule, eine Schule mit Mehrjahrgangsklassen aus pädagogischen Gründen. Dies bedeutet, dass Kinder, die im Quartier wohnen, in Lerngruppen unterrichtet werden, die drei Jahrgangsklassen umfassen. Die Brühlberg Schule umfasst zwei Unterstufen- und zwei Mittelstufenklassen. Seit dem Bestehen der Brühlberg Schule haben sechs Kinder die Unterstufe in zwei statt drei Jahren durchlaufen. Alle haben die darauf folgende Mittelstufe in drei Jahren bewältigt.

Überspringen innerhalb der Unterstufe

Nicole wurde altersgemäss eingeschult. Sie kannte anfangs des Schuljahres gewisse Buchstaben, konnte jedoch weder rechnen noch lesen. Sie fiel durch ihren grossen Lerneifer und ihr natürliches Interesse am Lernen auf. Sehr schnell lernte sie schreiben und lesen. Auch der Umgang mit Mengen und Zahlen fiel ihr leicht. Nach einem halben Jahr hatte sie alle Lernziele der ersten Klasse erfüllt. Sie konnte lesen und schrieb immer wieder freiwillig Geschichten, die sie dann der Klasse vortrug. Im Projektunterricht wählte sie die Aufträge der Zweit- und Drittklässlerinnen. Den Zahlenraum von 1–20 beherrschte sie problemlos, so dass sie immer häufiger mit den Zweitklässlerinnen mitarbeitete oder Zusatzaufträge holte. Sie verfügte über gute Sozialkompetenzen, konnte mit allen Kindern zusammenarbeiten und war sehr beliebt. Freundinnen fand sie hauptsächlich bei den älteren Kindern. Arno wurde ebenfalls altersgemäss eingeschult. Auch er hatte einen riesigen Wissensdurst und zeigte grossen Lerneifer. Er war ein Knabe, der innerhalb der Gruppe gerne bestimmte und dafür viel Energie benötigte, so dass er zuhause oft ziemlich erschöpft war. Jakob fiel bereits im Kindergarten durch seine hohe intellektuelle Begabung auf. Eine frühzeitige Einschulung wurde diskutiert. Da er andererseits sehr labil, verspielt und ablenkbar war, wurde er seinem Alter entsprechend eingeschult. Zu diesem Zeitpunkt konnte er bereits lesen.

Alle drei Kinder hatten die Lernziele der ersten Klasse bereits nach einem halben Jahr erreicht. Deshalb diskutierten wir mit den drei Kindern und deren Eltern die Möglichkeit, ob die Unterstufe in zwei statt drei Jahren durchlaufen werden sollte oder nicht. Nicole entschied sich dafür, den Schulstoff der Unterstufe in zwei statt drei Jahren durchzuarbeiten. Jakob und Arno entschlossen sich für drei Jahre Unterstufe mit zusätzlicher Förderung. Sie arbeiteten alle weiterhin in ihrem individuellen Tempo. Die Knaben liessen sich mehr Zeit und beschäftigten sich immer wieder mit etwas Zusätzlichem. Weil in einer Schule mit Mehrjahrgangsklassen eine Beschleunigung mit keinem Klassenwechsel verbunden ist, blieb für Nicole alles gleich. Sie behielt dieselben Lehrpersonen und dieselben Mitschülerinnen und Mitschüler. Sie erledigte alle Arbeitspläne wie jedes andere Kind. Nach zwei Jahren hatte sie die Lernziele der Unterstufe erreicht und wechselte in die Mittelstufe, die sie darauf in drei Jahren absolvierte. Nicole wurde nie psychologisch abgeklärt, und ich würde sie auch nicht als «hochbegabt» bezeichnen. Sie war äusserst fleissig und wissbegierig. Sie wollte lernen und sog alles Wissen in sich auf. In der Mittelstufe galt sie weiterhin als gute Schülerin. Da sie sich ihre Freundinnen bei älteren Kindern suchte, fühlte sie sich auch in der Mittelstufe sozial wohl und geborgen.

Inhaltliche Schwerpunkte beim Standortgespräch
Bei der Entscheidung, ob es zu einer Beschleunigung kommt, beziehen wir das Kind mit ein. Beim Standortgespräch kommen folgende Aspekte zur Sprache:
– Persönliche Situation (z.B. intellektuelle Fähigkeiten, Interesse am Lernen, emotionale Entwicklung, Wille des Kindes, besondere Begabungen)
– Familiäre Situation (Unterstützung durch die Familie)
– Situation des sozialen Umfeldes (Akzeptanz der Andersartigkeit durch Mitschüler/innen und Freund/innen).

Persönliche Situation
Nachdem wir den Familien jeweils unsere Einschätzung des Kindes in den drei Bereichen «intellektuelle Leistungsfähigkeit», «Arbeitsverhalten» und «soziales Verhalten» mitgeteilt haben, informieren wir sie über die Möglichkeit einer Beschleunigung. Wir erwähnen, dass ein Kind, das den Schulstoff in verkürzter Zeit durchlaufen will, neben den intellektuellen Fähigkeiten

auch weitere Voraussetzungen mitbringen muss. So sind die emotionale Reife und die Selbstständigkeit im Arbeitsverhalten wichtige Voraussetzungen. Wichtig ist es uns, dass ein Kind in die Entscheidung, ob es den Schulstoff in kürzerer Zeit durchlaufen will, miteinbezogen wird. Ohne den Willen des Kindes soll auf eine Beschleunigung verzichtet werden. Schliesslich entscheidet die Familie, ob ihr Kind die Unterstufe in zwei oder drei Jahren absolviert. Auch dem emotionalen Entwicklungsstand und dem sozialen Umfeld des betroffenen Kindes soll Beachtung geschenkt werden.

Nicole entschloss sich mit ihrer Familie für eine Beschleunigung, da sie neben ihren intellektuellen Fähigkeiten noch weitere Voraussetzungen mitbrachte: Sie arbeitete äusserst selbstständig. Ihr Wissensdurst war so hoch, dass sie sich ständig Zusatzaufträge holte. Sie beschäftigte sich freiwillig mit den Aufträgen der höheren Klassen. Sie wollte Neues entdecken und lernen. Zudem fühlte sie sich bei den älteren Kindern geborgener. Ihre Freundinnen waren die Mädchen aus der höheren Klasse, mit denen sie auch in die Mittelstufe wechselte. Arno und Jakob hingegen entschlossen sich gegen eine Beschleunigung, weil beide lieber spielten als lernten. Ihnen fiel der Wissenserwerb wegen ihrer intellektuellen Fähigkeiten sehr leicht. Doch daneben wollten sie genügend Zeit zum Spielen haben. Sie fühlten sich emotional und sozial bei den Kindern der ersten Klasse am richtigen Ort.

Familiäre Faktoren
Die Familie spielt bei einem beschleunigten Durchlaufen eine zentrale Rolle. Fühlt sich ein Kind durch die Eltern und Geschwister unterstützt, fällt es ihm einfacher, sich «normal» zu fühlen. Es ist unabdingbar, dass die Familie das betroffene Kind unterstützt. Bei Nicole war anfangs die ältere Schwester neidisch. Die Familie bemerkte und thematisierte dies, bevor sich Nicole für die Beschleunigung entschied. Die Aufmerksamkeit der Familie spielt eine zentrale Rolle. Die Eltern übernehmen einen grossen Teil der Verantwortung und müssen beobachten, ob sich ihr Kind mit der getroffenen Entscheidung wohl fühlt. Sollte dies nicht mehr der Fall sein, kann in einer Schule mit Mehrjahrgangsklassen jederzeit neu entschieden werden, da dies keinen Klassenwechsel zur Folge hat.

Soziales Umfeld
Eine Schule mit Mehrjahrgangsklassen ist ein idealer Ort für ein beschleunigtes oder auch verlangsamtes Durchlaufen des Schulstoffes. Gründe dafür werde ich im Folgenden erläutern.

Vorteile einer Schule mit Mehrjahrgangsklassen
Das auffälligste Merkmal einer Schule mit Mehrjahrgangsklassen ist die heterogene Klassenzusammensetzung, welche zur Folge hat, dass wenige Lernende aus derselben Jahrgangsklasse beieinander sind. Das Lernen findet in altersgemischten Gruppen statt. Demzufolge fallen Leistungsvergleiche in diesen Lerngruppen schwer. Jedes Kind steht an einem andern Ort bezüglich Wissensstand, Fertigkeiten, Fähigkeiten und Entwicklung. Es ist für die Lehrpersonen somit unumgänglich, jedes Kind an einem andern Ort abzuholen und zu fördern. Die unterschiedlichen Lernvoraussetzungen der Kinder verlangen einen differenzierten und individualisierten Unterricht.

Egal wie schnell ein Schüler oder eine Schülerin den Schulstoff erarbeitet, in derselben Lerngruppe befinden sich immer noch Kinder, die im Lernstoff weiter sind. Jedes Kind kann sich somit «nach oben» orientieren, ohne dass es die Klasse, das Schulzimmer oder die Lehrperson wechseln muss. Trotzdem bilden die Schüler und Schülerinnen einer jahrgangsgemischten Lerngruppe eine Gemeinschaft, die zusammenhält und zusammengehört. Gemeinsam unternehmen sie z.B. Ausflüge und Exkursionen, gemeinsam werden sie unterrichtet, gemeinsam arbeiten sie an Problemen und Fragestellungen. Kurz gesagt: Sie bilden eine Gemeinschaft wie jede Jahrgangsklasse. Der einzige Unterschied zu einer Jahrgangsklasse besteht darin, dass die Gemeinschaft aus Kindern verschiedener Jahrgänge besteht. Auch wenn ein Kind in einer Schule mit Mehrjahrgangsklassen eine Stufe beschleunigt durchläuft, bleibt es in derselben Gemeinschaft, im selben sozialen Umfeld. Es muss sich in keinem neuen Gefüge integrieren oder neu orientieren, und es muss sich keine neuen Freunde suchen, wie es bei einem Wechsel aus einer Jahrgangsklasse in die andere geschehen würde.

In einer Schule mit Mehrjahrgangsklassen findet jedes Jahr ein Wechsel der Klassenzusammensetzung statt. Ein Teil der Schülerinnen und Schüler tritt aus der Klassengemeinschaft aus und wird durch neue, meist jüngere, ersetzt. Für die Kinder bedeutet dieser Wechsel immer eine Neuorientierung. Die bestehenden Beziehungen werden in Frage gestellt, alte Kontakte erfahren Veränderungen, neue Beziehungen müssen geflochten werden. Damit ist eine Umstrukturierung von Positionen und Rollen verbunden. Plötzlich ist ein Kind nicht mehr das kleinste oder das unwissendste. Plötzlich muss ein Kind vermehrt Eigenverantwortung übernehmen, weil das Vorbild entfällt. Dadurch erlebt das einzelne Kind im Verlauf der Jahre verschiedene Rollen und Positionen: z.B. als Kleinstes, das sich oft den älteren Kindern unterordnet und anpasst, als Mittleres, das beginnt, den eigenen Platz in der Klasse zu definieren und Initiativen zu entwickeln, als Ältestes, das Verantwortung übernimmt. Trotz der jährlichen Änderung der Zusammensetzung der Klasse und des damit verbundenen Rollenwechsels bleibt für die Kinder vieles gleich. Unterricht und Traditionen werden beibehalten. Die neu eintretenden Kinder orientieren sich an ihnen und werden von den älteren auf natürliche Weise in das Schulleben eingeführt. Eine Schule mit Mehrjahrgangsklassen ermöglicht damit eine gute Durchmischung von Konstanz und Wechsel innerhalb der Lerngruppe.

Da es in einer Schule mit Mehrjahrgangsklassen ohnehin Kinder verschiedenen Alters hat, kann sich ein überdurchschnittlich begabtes Kind seine Freunde aus einem grossen Altersspektrum aussuchen. Es findet ältere Kinder, mit denen es sich seinem kognitiven Entwicklungsstand entsprechend austauschen kann, und jüngere, mit denen es sich auch bei Sport und Spiel messen kann.

Zusammenfassung und Schlussüberlegungen
Für die individuelle Förderung eines Kindes weist die Schule mit Mehrjahrgangsklassen grosse Vorteile gegenüber einer Jahrgangsklasse auf. So war sie für Nicole der Ort, der ihr ermöglichte, die Unterstufe in zwei anstatt drei Jahren zu durchlaufen. Ohne einen Klassenwechsel, d.h. ohne einen Wechsel der Lehrperson oder der Mitschülerinnen und Mitschüler, konnte Nicole ihren Fähigkeiten entsprechend die Unterstufe in verkürzter Zeit absolvieren. Ebenso bot die Schule mit Mehrjahrgangsklassen für Arno und Jakob gute Voraussetzungen. Trotz ihrer hohen intellektuellen Fähigkeiten konnten sie die Unterstufe in der üblichen Zeit durchlaufen, ohne unterfordert zu sein. Sie fanden einerseits Herausforderungen für ihre intellektuellen Fähigkeiten, und andererseits hatten sie Raum und Mitschüler/innen für Tätigkeiten, die ihrer emotionalen und sozialen Entwicklung entsprachen. Dieselben Vorteile bietet die Schule mit Mehrjahrgangsklassen für Kinder, die mehr Zeit benötigen. Ein Kind kann jederzeit eine Stufe langsamer, d.h. in vier Jahren, absolvieren. Es handelt sich dann um eine Verlängerung der Stufe und nicht um eine Repetition. Auch in diesem Fall braucht ein Kind weder die Klasse noch die Lehrperson zu wechseln. Im Gegenteil, da das Kind am längsten in derselben Klasse ist und die Traditionen am besten kennt, wird es meistens zu einer wichtigen Stütze im Klassenverband.

Anhand der Erfahrungen der beschriebenen Kinder wird ersichtlich, dass Beschleunigungsmassnahmen immer im Einzelfall betrachtet werden müssen. Bei jedem Kind gibt es Eigenheiten, die für oder gegen eine Beschleunigungsmassnahme sprechen. Die individuelle Situation des Kindes muss berücksichtigt, die Vor- und Nachteile müssen abgewogen werden. Die Eltern und das Kind sollen informiert und beraten werden, damit sie gemeinsam zu einem Entscheid gelangen können, der für das Kind am besten passt.

9 Teilunterricht in einer höheren Klasse und Überspringen
Das Interview mit Barbara Steiner führte Barbara Baumann

Barbara Steiner unterrichtet an einer Unterstufe im Schulhaus Gubel in Zürich.

Barbara Baumann: Eine Schülerin aus Ihrer Klasse besuchte den Mathematikunterricht in einer höheren Klasse. Wie ist es dazu gekommen?
Barbara Steiner: Als Kathrin in die erste Klasse kam, beherrschte sie bereits den Zahlenraum bis 20. Ich stellte ein individuelles Rechenprogramm für sie zusammen, damit sie sich nicht langweilt. Aber auch in der zweiten Klasse war Kathrin unterfordert und deshalb ohne den geringsten Denkaufwand mit den gestellten Aufgaben schnell fertig. Sie hatte sich bereits alle schriftlichen Operationen selber beigebracht. Die Rechnungen löste sie aber nie schriftlich, sondern rechnete sie im Kopf. Ich war darüber sehr verblüfft. Zu dieser Zeit hatte sie zusätzlich einen Mathematikkurs im Universikum besucht.

Wer hat sie fürs Universikum angemeldet?
B.St.: Angemeldet habe ich sie im Einverständnis mit den Eltern. Sie wählte neu einen Russischkurs. Ich wollte sie in Mathematik trotzdem weiter fördern. Kathrin arbeitete während der ganzen zweiten Klasse mit dem Zahlenbuch der dritten Klasse (Wittmann & Müller, 1990). Dies brachte mich auf den Gedanken, sie in Mathematik in einer vierten Klasse hospitieren zu lassen.

Woher wussten Sie von dieser Möglichkeit?
B.St.: Diese Möglichkeit hatte mir die Schulische Heilpädagogin erzählt, welche in ihrer Ausbildung davon gehört hatte. Das Hospitieren im Mathematikunterricht einer höheren Klasse war möglich, weil ich einen guten Kollegen hatte, der im gleichen Schulhaus eine 4. Klasse führte und gewillt war, Kathrin aufzunehmen. Ich besprach die Massnahme mit Kathrin und ihren Eltern. Kathrin war im sozialen Kontakt eher zurückhaltend, fühlte sich aber im Klassenverband sehr wohl. Uns war es sehr wichtig, dass sie in die Entscheidung einbezogen wurde. Sie ging in der höheren Klasse schnuppern und merkte, dass sie profitieren konnte. In einem Gespräch mit den Eltern und dem Lehrer der 4. Klasse kamen wir zur Überzeugung, dass sie den Wechsel ohne Probleme schafft. Wir erhöhten ihr Pensum in Mathematik. Wir wollten Kathrin auf keinen Fall unter Druck setzen, sondern liessen ihr Zeit für ihren Entscheid, ob sie das Angebot nutzen wollte, und begleiteten sie sorgfältig mit Gesprächen.

(+)
Rechnen
schreiben
mimi
streiten
ABC
Buchstaben vogel
schreien
Lachen
basteln
schneiden
geschichden zu hören
repariren
esen
ckaufen
sport
waser Ball
kletern
festen
mit tiren umgen

(–)
zu hören
schlafen

Was mache ich gerne und was nicht: Die Liste von Katharina

Wie haben Sie den Teilunterricht in einer höheren Klasse konkret eingeführt?
B.St.: Ich hatte zu dieser Zeit eine sehr leistungsheterogene Klasse. Ich thematisierte deshalb mit den Kindern, warum einige den Klassenverband zeitweise verlassen, sei es für Stützunterricht oder für Teilunterricht in einer höheren Klasse. Daneben ist der Klassenrat sehr wichtig, um soziale Belange zu besprechen. Weiter führen die Kinder ein Heft, in dem sie ihre Stärken und Schwächen aufschreiben können, die wir dann zusammen besprechen. Diese Offenheit trägt viel zur gegenseitigen Akzeptanz unter den Kindern bei. Kein Kind sollte wegen seiner besonderen Lernbedürfnisse von den andern ausgeschlossen werden.

Für Kathrin war das Schnuppern vor dem Entscheid, den Mathematikunterricht in der 4. Klasse zu besuchen, sehr wichtig. Sie fühlte sich dort schnell wohl und war durch ihre angenehme, zurückhaltende Art, aber auch durch ihre Selbstständigkeit und ihren Witz beliebt. Die Schulische Heilpädagogin meiner Klasse war damals zugleich auch für die 4. Klasse zuständig und konnte so Kathrin begleiten. Ihre Rückmeldungen zum Wohlbefinden von Kathrin beruhigten die Eltern und mich sehr. Vor allem die Eltern befürchteten anfänglich, dass wir Kathrin emotional und sozial überfordern könnten.

Wie haben Sie dann das Überspringen eingeleitet?
B.St.: Kathrin erzielte weiterhin sehr gute Schulleistungen, was mit der Zeit das Überspringen nahe legte. Wir wollten ihr aber einen sanften Übergang in die höhere Klasse ermöglichen und sie selber entscheiden lassen, wann sie dafür bereit ist. Der Unterricht in der höheren Klasse wurde deshalb schrittweise auf den Sprachunterricht erweitert, was sie mit Leichtigkeit bewältigte. Kathrin hatte ein Mitspracherecht, welche Lektionen sie in der dritten und welche sie in der vierten Klasse verbringen wollte. Sie merkte mit der Zeit, dass das Wechseln der Klasse für einzelne Fächer mühsam wurde und dass sie, wenn sie überspringt, ihre alten Freundinnen nicht verliert. Mitte der dritten Klasse war sie zu diesem Schritt bereit, und der Wechsel war ein reibungsloser Schritt. In meinen Augen war es für Kathrin der richtige Zeitpunkt.

Wissen Sie, wie es für Kathrin in der Mittelsstufe weitergegangen ist?
B.St.: Kathrin hat auch nach dem Überspringen den Russischkurs im Universikum besucht, ihre andern ausserschulischen Aktivitäten wie Klavier- und Englischunterricht beibehalten und weiterhin beste Schulleistungen erbracht. Obwohl sie im Vergleich zu den Viertklässlerinnen klein war, integrierte sie sich gut in die neue Klasse. Sie wird demnächst die Aufnahmeprüfung ins Gymnasium absolvieren.

Welches waren die wichtigsten Punkte, damit das Überspringen gelang?
B.St.: Für mich war zentral, dass das Kind den Zeitpunkt mitbestimmen konnte. Wir haben Kathrin immer in die Gespräche einbezogen und ihr erklärt, weshalb wir eine bestimmte Massnahme ergreifen. Weiter muss die Zusammenarbeit mit der neuen Lehrerin oder dem neuen Lehrer sehr gut sein: Abgebende und empfangende Lehrpersonen müssen eng mit den Eltern zusammenarbeiten und das Kind mit einbeziehen. Erst die positive Haltung der Eltern und Lehrpersonen ermöglicht einem Kind das erfolgreiche Überspringen.

Ich würde auch ein nächstes Mal wieder vom Wunsch des Kindes ausgehen. Im Falle dieses Mädchens war es wesentlich, ihm Zeit für den Entscheidungsprozess zu geben. Es ist auch wichtig zu erwähnen, dass dieser konkrete Fall nicht einfach auf einen andern Fall übertragen werden kann. Es kann durchaus sein, dass es bei einem andern Kind sinnvoll ist, schneller zu handeln. Jedes Kind hat seine Eigenheiten und muss mit seinen individuellen Bedürfnissen ernst genommen werden.

Hochbegabtenförderung als spezifische Gruppen- und Einzelförderung

Barbara Baumann

In den folgenden Mosaiksteinen steht die spezifische Förderung von hochbegabten Kindern im Zentrum. Viele hochbegabte Kinder durchlaufen die Volksschule mühelos, wenn die in den vorangegangenen Kapiteln beschriebenen begabungsfördernden Elemente im Unterricht und im Schulhaus umgesetzt werden. Einzelne Hochbegabte brauchen jedoch zusätzliche Hilfestellungen.

Eines der grundlegenden Prinzipien der spezifischen Hochbegabtenförderung ist die *Gruppenbildung* (vgl. S. 22). Hochbegabte Kinder werden in leistungshomogenen Gruppen zusammengefasst und in diesen unterrichtet. Dies kann innerhalb der Regelklasse (Mosaikstein 10) oder ausserhalb der Regelklasse (Mosaiksteine 11, 12, 13) erfolgen. Dabei kommt es für das hochbegabte Kind zu einer Anreicherung des Schulstoffes. Die Gruppenbildung hat für hochbegabte Kinder den Vorteil, dass sie unter ihresgleichen an ihre Leistungsgrenzen gehen und eigene Interessen verfolgen können. Im Folgenden wird vertiefter auf Möglichkeiten der Gruppenbildung eingegangen.

Im Mosaikstein 10 wird gezeigt, wie eine Regelklassenlehrperson und eine Heilpädagogin im Rahmen einer integrativen Schulungsform besonders begabten Kindern ermöglichen, in Mathematik den obligatorischen Stoff schneller zu durchlaufen (*Verdichtung*). Dadurch erhalten die Kinder Zeit, unter Anleitung der Heilpädagogin eigene Themen zu bearbeiten. Die beiden Lehrerinnen unterrichten im Teamteaching. Die Heilpädagogin fördert die Kinder innerhalb des Schulzimmers. Die Gruppe der von ihr betreuten Kinder ändert im Laufe der Zeit. Je nach Thema stossen andere Kinder zur Fördergruppe. Diese Organisationsform hat den Vorteil, dass auch Kinder, die zwar nicht hochbegabt, aber im Regelklassenunterricht unterfordert sind und bei einer ausschliesslichen Hochbegabtenförderung ausserhalb des Regelunterrichts nicht berücksichtigt würden, vermehrte Anregungen erhalten.

Im Rahmen einer integrativen Schulungsform können die Kinder zeitweise auch ausserhalb der Regelklasse gefördert werden (Mosaikstein 11). Die Kinder sind für einzelne Stunden in der Fördergruppe, den Rest der Unterrichtszeit verbringen sie in ihrer Normalklasse. Nach Strittmatter (1999, S. 156) sind «solche die Unterrichtsdifferenzierung in der Klasse wirksam ergänzenden Massnahmen nur bei guter Absprache und hoher Übereinstimmung der Lehrerinnen und Lehrer in Bezug auf die ‹Förderphilosophie› an der Schule möglich». Die Übergänge zwischen Regelklasse und Förderangebot werden zu zentralen Angelpunkten des Fördererfolgs.

Ein weiteres Beispiel für Fördergruppen ausserhalb des Regelunterrichts sind die Universikumkurse der Stadt Zürich. Im Mosaikstein 12 schildert eine Regellehrkraft den Umgang mit hochbegabten Kindern, die solche Kurse besuchen. Es wird klar, dass von der Lehrperson viel Sensibilität verlangt wird, die Kinder zu erkennen, welche für einen Universikumkurs geeignet sind. Die Gefahr besteht, dass ruhige Kinder übersehen oder hohe Begabungen durch Verhaltensauffälligkeiten überdeckt werden.

Im Mosaikstein 13 können wir Einblick in einen Universikumkurs nehmen. In diesem Beitrag werden Punkte deutlich, die für *Förderkurse ausserhalb des Unterrichts*, in denen *horizontale Anreicherung* im Vordergrund steht, wichtig sind. Dazu gehören:

- In den Förderkursen sollen in der Regel vom Schulstoff losgelöste Inhalte vermittelt werden, damit nicht vorweggenommen wird, was die hochbegabten Kinder später im Klassenunterricht lernen werden. Die *sorgfältige Auswahl der Themen* und Inhalte regt die Neugier der Kinder an und ermöglicht eine entdeckende Stofferschliessung.
- Damit die Kinder fachlich gefordert sind, sollten sie von Experten und Expertinnen des Inhaltsbereichs unterrichtet werden. Diese müssen über ein genügend grosses *fachliches Wissen* verfügen und dieses den Kindern zugänglich machen können.
- Die Lehrpersonen sollten nicht nur über breite fachliche Kenntnisse, sondern auch über hohe *didaktische Kompetenzen* verfügen. An hochbegabte Kinder heranzudozieren muss vermieden werden. Auch hochbegabte Kinder sollen Unterrichtsgegenstände handelnd erfahren und einen emotionalen Zugang dazu finden können.
- In Fördergruppen ist die *Berücksichtigung sozialer Aspekte* zentral. Es geht nicht nur um eine kognitive Förderung, sonder auch um das soziale Lernen innerhalb einer Gruppe.

Neben den vorgestellten Massnahmen sind weitere denkbar. So ist es möglich, bei spezifischen hohen Begabungen einen Teildispens vom Regelunterricht zu erteilen, damit ein Kind zum Beispiel Unterricht am Konservatorium nehmen oder in speziellen Sportdisziplinen trainieren kann. Eine gute Zusammenarbeit aller Beteiligten ist auch hier für das Gelingen der Fördermassnahmen zentral.

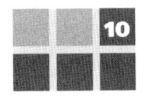

10 Förderung eines Minderleisters
Elisabeth Müller

Vorbemerkung

Um aufzuzeigen, unter welchen Bedingungen ich als Heilpädagogin arbeite, möchte ich zuerst die Regelungen für eine ISF-Schule im Kanton Aargau schildern (ISF = Integrative Schulungsform). Für die Bewilligung einer ISF-Schule müssen genau festgelegte Standards in den Bereichen der pädagogischen Grundsätze, der Zeitgefässe zur Umsetzung der ISF während der gemeinsamen unterrichtsfreien Arbeitszeit sowie der erweiterten Lehr- und Lernfomen erarbeitet sein. Diese Vorgaben erfordern einen engen Austausch unter den Lehrpersonen und die Arbeit an gemeinsamen pädagogischen Zielen. Die Unterstützung der Schülerinnen und Schüler findet vorwiegend im Teamteaching statt. Wir erhalten die Stellenprozente für die schulische Heilpädagogin aufgrund der Gesamtzahl der Schülerinnen und Schüler der Gemeinde. Berechnet wird die Zahl der Lektionen, indem die Anzahl Schulkinder mit 0,15 multipliziert wird. Für eine Klasse mit 20 Kindern ergibt das 3 Lektionen.

Zur Zeit haben wir auch die Möglichkeit, beim Kanton eine kleine Anzahl Stunden zur expliziten Förderung von überdurchschnittlich begabten Schülerinnen und Schülern anzufordern. Für deren Betreuung in acht Regelklassen haben wir an unserer Schule zwei Lektionen pro Woche zur Verfügung. Ich selber betreue 3 Regelklassen der Unterstufe und habe dafür eine Lektion zur Verfügung.

Markus ist unterfordert

Markus, 7 J., Schüler der 1. Klasse, war von Anfang an durch seine geringe Motivation aufgefallen. Er bezeichnete vieles als «doof» und «langweilig». Anstatt zu arbeiten, blödelte er lieber mit seinen Kameraden herum. Die Klassenlehrerin bemerkte schnell, dass er in Mathematik weit voraus war, und versuchte ihn mit zusätzlichen Mathematikaufträgen auf höherem Niveau anzuregen. Gleichzeitig suchte sie das Gespräch mit Eltern und Kind. Die Lage entspannte sich jedoch nicht. In den Gesprächen wurde auch das Überspringen thematisiert. Markus äusserte jedoch den Wunsch, in seiner angestammten Klasse bleiben zu dürfen.

In unseren vierzehntäglich stattfindenden Gesprächen berichtete mir die Lehrerin von der schwierigen Situation mit Markus. Sie bat mich, einige Male einzeln mit ihm zu arbeiten. Das Ziel dieser Einzelarbeit war, herauszufinden:

- wo Markus im Bereich der Sprachentwicklung steht,
- was ihn an Mathematik fasziniert und was ihn langweilt (im Mathematikunterricht, im Mathematikbuch),
- welche Tätigkeiten und Themen ihn interessieren.

Die Lehrerin gab mir den Hinweis, dass sich Markus für Planeten interessiere.

Meine Suche nach einem Ansatz

Anfang April 2002 setzte ich mich zweimal mit Markus zusammen und befragte ihn zu den Bereichen Lesen, Schreiben und Mathematik. Auf die Frage, was er gerne mache, berichtete er mir, dass er gerne einzelne Buchstaben schreibe, auch einzelne Buchstaben lesen gefalle ihm, dagegen ganze Wörter lesen weniger.

Von der Klassenlehrerin wusste ich, dass Markus in Mathematik bereits an Aufgaben der 2. Klasse arbeitete und dass er sowohl den Zehnerübergang als auch den Hunderterraum gut kannte. Ich legte ihm das Mathematiklehrmittel Zahlenbuch vor (Wittman & Müller, 1990), um herauszufinden, was ihn darin interessiert und was ihn langweilt. Ich fragte ihn zum Beispiel nach den Lieblingsseiten im Buch. Wir schauten uns diese gründlich an, und ich liess mir erzählen, was daran besonders interessant sei. Ich fragte auch, welche Aufgaben er nicht mag. Es waren – wen wundert es – die einfacheren Aufgaben. Ich legte ihm zum Schluss ein Buch zum Thema Planeten und Weltall vor und forderte ihn auf, zu blättern und dort zu verweilen, wo er gerade möchte. Ich stellte fest, dass ihn die Zahlen, Fakten und Bilder interessieren und nicht die Mythen oder die wortreichen Erklärungen. Ich fragte ihn auch, was er interessanter fände, Mathematik oder Planeten. Er fand beides gleich spannend. Markus erzählte weiter, dass er in der Freizeit am liebsten mit Lego spiele; er baue Autos, Schiffe usw., und er habe auch schon einmal einen Motor mit Kolben gebaut. In einer dritten Lektion besprachen wir das Führen eines Lernhefts. Sein Thema war der Planet Mars.

Mir war klar, dass wir Markus in Mathematik nicht einfach vom Lernstoff der ersten Klasse befreien konnten, denn der heutige Mathematikunterricht verlangt mehr als nur Rechenfertigkeit. Markus musste wie alle andern Kinder viele Darstellungsformen (z.B. Zahlenmauern, Zahlenhäuser) kennen lernen. Er musste jedoch die Möglichkeit eines verkürzten Durcharbeitens erhalten, um schneller zu Themen zu kommen, bei denen er sich engagieren konnte.

Aufbruch zu neuen Ufern
Mit der Klassenlehrerin besprach ich meine Einsichten. Ich schlug eine Verdichtung des Mathematikstoffes vor, verknüpft mit der Erlaubnis, in der frei gewordenen Zeit selbstständig das Thema Planeten bzw. Mars zu bearbeiten. Die Lehrerin äusserte den Wunsch, diese Möglichkeit weiteren rasch arbeitenden Kindern anzubieten. Wir überlegten gemeinsam, wie wir den Mathematikstoff verdichten könnten. Die Klassenlehrerin setzte dies für die in Frage kommenden Kinder um und erlaubte ihnen, das jeweilige Kapitel selbstständig durchzuarbeiten. Ihr Wochenplan hatte dementsprechend andere Inhalte. Waren die Kinder mit einem Kapitel fertig, hatten sie Zeit für ihre freie Tätigkeit und machten in Mathematik erst wieder weiter, wenn alle das neue Kapitel begannen. Die Kinder durften auch an ihren eigenen Themen arbeiten, wenn sie das Kapitel noch nicht fertig bearbeitet hatten, vorausgesetzt, sie erfüllten das im Wochenplan aufgeführte Pensum rechtzeitig.

Für die Einführung ins nächste Kapitel teilten wir uns auf. Während die Klassenlehrerin die schwächeren und durchschnittlich begabten Kinder unterrichtete, nahm ich mich den überdurchschnittlich Begabten an. Um nicht von Schnelleren oder Besseren reden zu müssen, tauften sich meine Kinder «Mondkinder» in Anlehnung an die Halbklasseneinteilung, in der es Sonnenkinder und Sternenkinder gab. Die Mondkinder erhielten eine schlankere Einführung, die mehr auf dem Prinzip des Selbstentdeckens basierte. Es entstanden rege Diskussionen, bei denen sich Markus aktiv einbrachte. Da die Mondkinder das Mathematikprogramm durch die Verdichtung schneller beendet hatten, brauchten sie weitere Angebote. Die Klassenlehrerin stellte Mathematikaufgaben und Mathematikspiele bereit. Ich begleitete den Start in ein individuelles Thema.

Während die Lehrerin mit der Klasse übte, suchte ich mit den Mondkindern ein Thema, das sie interessierte. Sie durften selber entscheiden, ob sie alleine oder zu zweit arbeiten möchten. Die Kinder lernten als eine Art «Spurensicherung» ihrer Arbeit, das Lernheft zu gebrauchen. Meine komplizierten Vorstellungen von einem Lernheft musste ich wiederholt vereinfachen, damit es für die Kinder umsetzbar wurde. Wir suchten gemeinsam Fragen, denen sie nachgehen konnten, und überlegten, wie und wo Informationen zu suchen und zu finden seien. Oft mussten wir Vorurteile ausräumen, wenn die Kinder zaghaft Interessen anmeldeten und glaubten, dass sie diesen in unserem Rahmen nicht nachgehen dürften. Ein Mädchen wollte ein Mathematikarbeitsblatt herstellen und meinte, das sei doch kein «Thema», denn andere Kinder beschäftigten sich mit Tieren, Planeten usw. Von mir ermuntert, es doch zu tun, arbeitete sie immer wieder daran und versuchte schliesslich Divisionen aufzuschreiben, obwohl sie in der Klasse erst gerade eine Einführung in die Multiplikation gehabt hatten. Meine beschriebenen Interventionen fanden durchschnittlich nur einmal alle zwei bis drei Wochen statt, denn ich betreute ja mit einer Wochenstunde noch zwei andere Klassen. Ich machte die Erfahrung, dass es förderlich ist, stets ein paar Wochen nacheinander mit Kindern der gleichen Klasse zu arbeiten. Die Klassenlehrerin ihrerseits nahm die Impulse, welche die Kinder aus diesen Stunden mitbrachten, auf. Sie liess sich auf Gespräche ein, gab den Kindern Zeit zur Weiterarbeit an ihrem individuellen Thema und beriet sie dabei. Im «Mensch und Umwelt»-Unterricht schob sie neu Phasen mit freier Tätigkeit ein, um allen Kindern die Möglichkeit zur individuellen Arbeit an kleinen Projekten zu geben.

Die Möglichkeit zum Austausch darüber, was in ihrem Unterricht oder in meiner Arbeit mit den Mondkindern geschah, hatten wir in unseren vierzehntäglichen Gesprächen. Wir erzählten uns vom Unterricht, führten aber auch immer wieder grundsätzliche Gespräche über Begabung, Unterforderung, Berücksichtigung von Individualität und anderes mehr.

Die Gruppe der Mondkinder blieb nicht immer unverändert. Es gab ein paar Ein- und Austritte, je nachdem, was bei Standortbestimmungen oder Vortests herauskam. Die Klassenlehrerin führte regelmässig Standortbestimmungen durch, um abzuschätzen, wie viel die Kinder bereits beherrschen. Eigentliche Vortests entwickelten wir anfangs zusammen. So stellten wir zum Thema «Uhr» Aufgaben zusammen, die den Lernstoff der zweiten Klasse umfassten. Um den Kindern nicht das Gefühl zu geben, sie wüssten nichts, begann der Vortest mit Aufgaben der ersten Klasse, also mit Stoff, der bekannt sein sollte. Den Kindern wurde erklärt, sie müssten nur diese Aufgaben lösen können, alles andere dürfe man in der 2. Klasse lernen. Solche Erklärungen waren notwendig, damit die Kinder nicht unter Stress gerieten.

Auswirkungen unserer Intervention
Die neuen Dimensionen, welche sich für Markus eröffneten, belebten ihn sehr. Gelegentlich rechnete er freiwillig Aufgaben im Zahlenbuch durch. Machten wir ihn darauf aufmerksam, dass dies nicht verlangt werde, antwortete er: «Ich mache das gerne». Ich war sehr beeindruckt und erkannte, welche Wirkung das freiwillige Auswählen auf ihn hatte. Das stereotype «so langweilig» wurde durchbrochen, nahm ab und verschwand schliesslich fast ganz.

Markus kam bald einmal mit dem Anliegen, etwas über den Mars erzählen zu dürfen. Er berichtete uns von Dingen, von denen wir keine Ahnung hatten, und brachte Bilder und einen Spaceshuttle aus Lego mit. Sowohl die Kinder als auch die Lehrpersonen beeindruckte dies sehr. Trotz seiner Schüchternheit wagte er es, für ihn Wichtiges vorzutragen, wenn auch noch sehr zaghaft und mit viel Unterstützung von zuhause – und er wurde wahrgenommen. Am beeindruckendsten für die Lehrpersonen war, dass Markus selber feststellte, er habe sich mit Kollegen umgeben, die ihn immer wieder ins alte Fahrwasser zogen und zur Aussage «so langweilig» verleiteten. Er kam mit dem Wunsch zur Klassenlehrerin, die Gruppe wechseln zu dürfen, worauf sie einwilligte. Nach kurzer Zeit war nicht mehr zu erkennen, dass Markus ein Minderleister gewesen war.

Ob von den geförderten Kindern eines oder mehrere hochbegabt sind, wurde nicht psychologisch abgeklärt. Sicher ist aber, dass alle unterfordert waren und die neuen Möglichkeiten gerne ergriffen. Durch die enge Zusammenarbeit (Gespräche und Teamteaching) entwickelte und individualisierte die Klassenlehrperson ihren Unterricht weiter. Viele Kinder konnten davon profitieren, und Markus konnte in der Gruppe integriert bleiben. Als problematisch erwies sich einzig die Zuweisungspraxis. Es war für die Kinder nicht immer transparent, warum jemand zur Gruppe der Mondkinder gehört oder warum nicht. Eine Möglichkeit wäre gewesen, Vortests durchzuführen, die auch den Kindern aufgezeigt hätten, wo sie mit ihren Mathematikleistungen standen.

11 Förderung Hochbegabter in Kleingruppen
Mariann Magyarovits

«Sie, das kann ich schon!»
Die Heterogenität meiner Klasse stellt sowohl für mich als auch für die Kinder die grösste Herausforderung im Schulalltag dar. Die Kinder zeigen grosse Unterschiede in ihrem mathematischen Vorwissen und beim Verarbeiten von neuem Lernstoff. Was die Sprache anbelangt, sieht es nicht anders aus: Ich habe Kinder in der Klasse, die kaum Deutsch sprachen, als sie in die Schule kamen, und andere, die schon lesen konnten. Um alle Kinder optimal zu fördern, musste ich den Unterricht individualisieren und die Kinder bei ihrem aktuellen Wissensstand und ihren Vorkenntnissen ansprechen. Leistungsschwache Kinder brauchen enorm viel Übungsmaterial: Über praktische Erfahrungen vom Handeln mit Gegenständen bis zum reinen Üben des Gelernten, dem Automatisieren. Das heisst nicht, dass jedes Kind ein eigenes Programm erhält, sondern dass ich Übungsmaterial verschiedener Schwierigkeitsgrade für Kinder bereitstelle, die im Automatisieren und Erarbeiten eines bestimmten Stoffes mehr Aufgaben gleicher Art brauchen, und für Kinder, die schneller lernen. Die schnellen Kinder versuche ich mit Aufgabenstellungen zu fordern, die verschiedene, individuelle Lösungswege zulassen.

Zwei sehr gute Rechner im letzten Klassenzug benötigten für die Mathematiklektionen eine wesentlich kürzere Einführungszeit und Übungsphase wie die andern Kinder, und sie langweilten sich bald im Unterricht, obwohl ich immer bestrebt war, sie individuell zu fördern. Wenn wir im Klassenverband gemeinsam etwas erarbeiteten, warteten diese Knaben nicht auf die andern Kinder, sondern platzten mit der Antwort gleich heraus oder waren nicht motiviert, die Aufgaben zu machen. Sie konnten kognitiv sehr schnell aufnehmen, gut speichern und logisch denken. Es gelang ihnen jedoch nicht, die Lösungswege zu den Rechnungen, die sie so rasch bearbeitet hatten, zu erklären. Da sie das Resultat bereits kannten, sahen sie auch keinen Grund zu erklären, wie sie die Lösung gefunden hatten. Den beiden Knaben, Simon und Andreas, war gemeinsam, dass sie sehr hohe Ansprüche an sich selber stellten. Simon wirkte flatterhaft, liess sich sehr schnell ablenken, nahm alles, was um ihn herum passierte, wahr und musste alles kommentieren. Schwierige Aufgaben löste er gleichwohl problemlos. Andreas überflog die Aufgabenstellung und konnte die Lösung manchmal noch während meiner Erklärungen formulieren.

Gruppenförderung begabter Schülerinnen und Schüler: Eine Sache der Zusammenarbeit zwischen Klassen- und Förderlehrperson

Dass diese beiden Kinder mit einem sehr hohen Niveau in der Mathematik und beim Erarbeiten neuen Lernstoffs nicht so viel Zeit benötigten wie die andern Kinder, aber beim individuellen Bearbeiten von Themen doch immer wieder an ihre Grenzen stiessen, beschäftigte mich sehr. Um eine geeignete Massnahme zu ergreifen, diskutierte ich diese Problematik mit Frau F., unserer Förderlehrerin. Die uns zugeteilten Förderstunden setzen wir in der Regel für die Unterstützung leistungsschwacher Kinder oder für Deutschstunden ein. Für die Unterstützung begabter Kinder stehen keine zusätzlichen Stunden zur Verfügung; sie müssen über den Pool der Förderstunden erteilt werden. Frau F. zeigte sich bereit, auch einmal mit denjenigen Kindern zu arbeiten, die eine sehr rasche Auffassungsgabe hatten. Während dieser Doppelstunde hatte ich mehr Zeit, um mit dem Rest der Klasse neu Gelerntes zu vertiefen und zu üben. Die Kinder sollten bei Frau F. in der Gruppe einmal wöchentlich gefördert werden und beim Suchen nach verschiedenen Lösungen in der Arbeitstechnik und Arbeitshaltung Unterstützung finden.

Ich stellte eine leistungsstarke Mathematikgruppe zusammen (die beiden Knaben Simon und Andreas und das Mädchen Anna) und informierte die Eltern über die Förderstunde und deren Ziele. Da eine psychologische Abklärung nicht erforderlich war, konnten die Lektionen im neuen Schuljahr sogleich begonnen werden. Die Klasse kannte Frau F. bereits, denn ein Drittel der Kinder besuchte wöchentlich die von ihr geleitete Lektion «Deutsch für Fremdsprachige». Zudem hatte sie ein Jahr lang mit zwei Kindern gearbeitet, die Probleme mit der Merkfähigkeit und dem 10-er-Übergang hatten. Frau F. setzte sich mehr und mehr mit dem Thema Begabtenförderung auseinander. «Was mache ich mit den begabten Kindern?», lautete ihre Frage. Die Lehrmittel für Legasthenie, Dyskalkulie und Psychomotorik wurden in den letzten Jahrzehnten stark ausgebaut, und den Lehrpersonen stehen viele Mittel zur Verfügung, um den schulisch schwächeren Kindern zu helfen. Die Suche nach geeigneten Lehrmitteln für die Förderung von leistungsstarken Kindern erwies sich als schwieriger. Auf meinen Wunsch sollte Frau F. im aktuellen Lernstoff nicht weiterfahren, da es mir nicht um ein schnelleres Durcharbeiten des obligatorischen Lernstoffs ging, sondern darum, wie man an Problemstellungen herangeht, verschiedene Ansätze und Lösungsmöglichkeiten erkennt und sich in andere Lösungswege eindenkt. Ich informierte Frau F. regelmässig über die aktuellen Themen und Schwerpunkte in der Mathematik, und sie suchte geeignete Aufgaben schwierigeren Grades dazu aus. Nach Schulschluss besprachen wir, wie die Kinder die Aufgaben meisterten und welche Lösungsmöglichkeiten sie fanden. Als ich in der Klasse Rechnen mit Geld einführte, rechneten die Kinder bei Frau F. in andern Zahlensystemen. Wie rechnet man im 4-er-Land, wie im 8-er-Land? Die Kinder übertrugen die Geldbeträge der einzelnen Länder in eine Tabelle und verglichen sie mit dem 10-er-Land.

Zu dieser Zeit war in meiner Klasse das «Pokemon-Karten-Fieber» ausgebrochen. Nach der Pause brauchte es seine Zeit, bis die Knaben sich wieder von ihren Bildern trennen konnten. Zu Beginn dieser Phase griff ich das Interesse und Engagement für die Pokemon-Karten im Unterricht auf und liess mich von den Kindern in die Welt der Pokemon einführen. Simon und Andreas kamen meist mit einem grossen Satz Karten und Pokemon-Figuren in die Schule. Spontan entschloss sich die Gruppe, bei Frau F. in einer Tabelle die Zahlen aller von den Kindern gesammelten Gegenstände festzuhalten und miteinander zu vergleichen. Beim Austausch der gefundenen Zahlen und dem Besprechen der Tabelle erfuhren die Kinder, dass nicht nur Pokemon-Karten und Stickers gesammelt wurden, sondern auch abgebrochene Farbstiftspitzen oder Geschichten. Beim Vergleichen dieser Fakten nahmen sie spontane Überlegungen zur Menge und der Beziehung der Zahlen zueinander vor.

Als wir in der Klasse die geometrischen Formen kennen lernten, mussten die Kinder bei Frau F. ein Experiment mit einem Blatt Papier und Dreiecken durchführen. Die neuen Erkenntnisse zeigten sie anschliessend den Kindern in der Klasse. Immer wieder stellte ich fest, dass die drei Kinder den andern in der Klasse erzählten, was sie Neues erfahren hatten und manchmal mit ihnen die Aufgaben noch einmal durchrechneten. Die Mitschülerinnen und Mitschüler waren sehr interessiert und machten bei den Rechnungen gerne mit. Die Gruppe war lebhaft und die Kinder machten sich mit Begeisterung und grossem Einsatz an die Aufgaben.

Vor allem die beiden Knaben Andreas und Simon waren sehr sensibel, hatten hohe Ansprüche, denen sie genügen wollten, waren sehr aktiv und steckten voller Ideen. Simons Verhalten, sowohl im Regelunterricht als auch im Förderunterricht, war nicht einfach. Er unterbrach die andern häufig, was viel Unruhe in die Gruppe brachte. Anna, eine engagierte und gute Rechnerin, überliess das Feld den vorlauten Knaben und rechnete in Ruhe für sich alleine. Ein wichtiges Anliegen für die Fördergruppe war daher auch die Förderung der sozialen Kompetenz und das Erlernen einer guten, fruchtbaren Zusammenarbeit. Anna und Simon lernten, sich einerseits in der Gruppe besser durchzusetzen, und andererseits die andern nicht zu überfahren, sondern gemeinsam nach Lösungen zu suchen.

Zudem gab Frau F. der Denkschulung starkes Gewicht. Bei kniffligen Aufgaben und Spielen mussten die Kinder kreativ sein, oder sie konnten mit ihren Fähigkeiten des logischen Denkens zu Lösungen gelangen. Hier kam das mathematische Wissen von Andreas zum Tragen. Mit grosser Freude und erstaunlichem Geschick löste er die Aufgaben. Wenn eine Aufgabe nicht von allen in einer Stunde gelöst werden konnte, hielt Frau F. die Spannung aufrecht, indem sie die ungelösten Aufgaben über zwei bis drei Lektionen offen liess. So beschäftigte eine Aufgabe einzelne Kinder manchmal über mehrere Tage hinweg, bis sie endlich eine Lösung gefunden hatten. Andreas war kaum zurückzuhalten, denn oft wusste er die Lösung blitzschnell und wollte sie sofort mitteilen.

Ergebnis unserer Massnahmen
Die Gruppe besuchte die Förderstunden bei Frau F. mit Begeisterung. Es zeigte sich, dass die Kinder von der Gruppenarbeit sehr profitierten. Sie konnten sich entfalten, weil sie nicht einfach nur stereotype Rechnungen lösen mussten, sondern im Austausch miteinander Fragen bearbeiten konnten. Intensiv und vertieft befassten sie sich mit den Aufgaben, stellten verschiedene Überlegungen an und diskutierten die Lösungswege untereinander. Die Kinder wurden in der Gruppe angeregt und konnten ihren Ideen freien Lauf lassen. Sie erkannten, dass es verschiedene Lösungswege gab. Sie lernten, ihre Ideen zu strukturieren und Lösungen darzustellen, Erkenntnisse zu formulieren und Gedanken zu bündeln.

Sowohl für Simon und Andreas als auch für die anderen Kinder war es wichtig, in der Klasse über den Förderunterricht bei Frau F. zu sprechen. Hatte die Klasse bis dahin angenommen, dass Frau F. nur für die leistungsschwachen Kinder da sei, änderte sich nun das Bild von ihr. Sie wurde für die Klasse zu einer Lehrerin, die alle Kinder unterstützen kann, ob nun im Aufarbeiten und Üben neuen Lernstoffs oder im Vertiefen und Differenzieren von schwierigen Aufgaben. Ein grosser Vorteil war für mich, dass ich mehr Zeit für die schwächeren Kinder hatte und die leistungsstarken Kinder gleichzeitig mehr gefordert wurden. Die Förderstunden wurden bald zu einem selbstverständlichen Element des Stundenplans. Der Austausch unter den Kindern war sehr wichtig und fand nicht nur innerhalb der Fördergruppe statt. Da sie in ihrer gewohnten Umgebung bleiben konnten, wurden die Förderstunden oft unmittelbar nach der Mathematikstunde in der Regelklasse durchgeführt. Die Kinder gaben neu Gelerntes sehr gerne und stolz weiter. Eindrücklich blieben mir die Bilder in Erinnerung, wie Andreas mit viel Geduld seinem Freund Tim Knacknussaufgaben stellte und zeigte, wie sie zu lösen waren. Die Gruppe war keine geschlossene Gesellschaft voller Geheimnisse, sondern ein Mathematikkurs, in dem spielerisch mit Zahlen und Fakten jongliert wurde und der allen Kindern offen stand.

12 Freiräume für hochbegabte Kinder
Mariann Magyarovits

Alexander und Anja fordern mich

Am ersten Schultag stand ich der bunt gemischten Kinderschar meiner neuen Klasse gegenüber. Neugierig, freudig und erwartungsvoll, aber auch ängstlich und unsicher sassen die Kinder in den Bänken. Viele hatten grosse Mühe mit der Konzentration und der Merkfähigkeit und brauchten meine intensive Betreuung. Andere waren sehr selbstständig, lernbegierig, arbeiteten schnell und wollten immer wieder herausgefordert werden. Wie unterschiedlich sich auch schnell lernende Kinder an die Aufgaben machen und wo ihre Grenzen und Unzulänglichkeitsgefühle liegen, zeigten mir die beiden Kinder Alexander und Anja.

Alexander beanspruchte meine besondere Aufmerksamkeit. Er spielte oft den Clown, brachte seine Klassenkameradinnen und -kameraden zum Lachen und lenkte sie immer wieder vom Thema ab. Alexander nahm kognitiv schnell auf, konnte sehr gut logisch denken, verarbeitete neuen Stoff leicht und hatte ein gutes Gedächtnis. Er hatte keine Geduld zu warten, bis die andern Kinder den neuen Lernstoff verstanden und gab immer wieder zu verstehen, wie einfach die Aufgabenstellungen seien. Damit verunsicherte er seine Mitschülerinnen und Mitschüler. Er hatte Freude an der Mathematik und logischen Zusammenhängen. Die Zahlenreihen musste er nicht speziell lernen, und auch das Zehnersystem hatte er schon früh verstanden. Das Rechnen bis 1000 war von Anfang an kein Problem. Das Lesen hatte Alexander sich vor Schuleintritt selber beigebracht. Obwohl er schon lesen konnte und seine Rechenarbeiten blitzschnell erledigte, stellte er sich oft ganz klein und dumm. Ich ertappte mich dabei, wie ich mich über sein Verhalten ärgerte, da er doch seine Aufgaben ohne zusätzliche Hilfe lösen könnte. Andere Kinder, die ebenfalls aufgeweckt, fleissig und strebsam waren, störten den Unterricht auch nicht. Mit seinem Wissensvorsprung hätte Alexander problemlos dem Unterricht der 2. Klasse folgen können. Er war jedoch eher klein gewachsen und in der emotionalen Entwicklung nicht weiter als seine Mitschüler/innen. Er war sehr auf seine Klassenkameraden ausgerichtet und in der Klassengemeinschaft gut integriert, eine Versetzung stand daher nicht zur Debatte. Die Freundschaften, die in der Klasse entstanden, waren ihm enorm wichtig. Aus der Theorie und der Lektüre zum Thema Begabtenförderung wusste ich, dass bei leicht lernenden Kindern nicht die Wissensvermittlung im Vordergrund steht, sondern das Loslassen und Gewähren von Raum für Eigenaktivität. Dazu ist ein grosses Einfühlungsvermögen nötig. Im Schulalltag war es nicht einfach, Alexander angemessen zu fördern. Von mir zur Verfügung gestellte Spezialaufgaben nahm er oft nicht an, obwohl ich ihm den nötigen Freiraum zur Verfügung stellte. Ich fragte mich, ob ich ihn zu sehr einschränkte, zu geschlossene Aufgaben stellte und er so keine Eigeninitiative entfalten konnte. Hatte ich ihm nicht ermöglicht, entdeckend voranzuschreiten und seinen eigenen Rhythmus zu finden?

Alexander stellte hohe Ansprüche an sich und befürchtete, diese nicht erfüllen zu können und mich oder die andern Kinder zu enttäuschen. Viele für ihn bereitgestellte Zusatzaufgaben nahm er daher erst gar nicht in Angriff. Am liebsten lernte er mit Werkstätten oder einer Serie von Übungsblättern, welche die ganze Klasse löste. Dies gab ihm die Sicherheit, die Aufgaben auch bewältigen zu können. Da er jedoch eine besondere Stärke im logischen Denken und im Kombinieren zeigte, wäre er erst mit einem eigenen Projekt richtig gefordert. Seine hohen Ansprüche verunmöglichen ihm, sich an eine eigene Arbeit heranzuwagen. Genauso wie die Kinder, die sich das Lernen nicht zutrauten, musste er in seinem Selbstwertgefühl gestärkt werden, obwohl er bereits vieles konnte und problemlos begriff. Alexander war in der Schule oft unterfordert, was er immer wieder zum Ausdruck brachte. Für ihn war es eine Selbstverständlichkeit, die Aufträge und Arbeitsblätter mühelos zu erledigen. Er wusste, dass ihm das Lernen leicht fiel und verstand manchmal nicht, warum die andern Kinder so langsam waren. Trotzdem wollte er nur dasselbe machen wie die andern und nicht durch eine Zusatzarbeit auffallen. Nur wenn ihn eine Aufgabe wirklich packte und von mir keine besondere Erwartungshaltung verspürte, konnte er sich gelassen und ruhig an die Arbeit machen. Mir war klar: Alexander musste, um seine Denkleistungen entfalten zu können, anders gefordert und angeregt werden!

Ganz anders war da Anja, ein Mädchen aus meinem letzten Klassenzug. Zügig erledigte sie die Aufgaben, entdeckte schnell zusätzliche Aufgaben, die sie gerne machen wollte, und stand schon nach kurzer Zeit fordernd neben mir. Anja zeichnete sich vor allem durch ihre optimale Arbeitshaltung und gute Ausdauer aus. Sie liess sich durch nichts ablenken und arbeitete vertieft und effizient an ihren Aufgaben. Es war für mich eine Freude, ihr zuzusehen, wenn sie sich so konzentriert über ihre Arbeiten gebeugt durch nichts aus der Ruhe bringen liess. Sie schien wie in einer andern Welt und wirkte zufrieden. In der Freizeit verschlang sie Bücher, lernte Gitarre spielen, besuchte das Jazzballett und einen Italienisch- und Englischkurs. Ihr fiel vieles leicht, und abends beim Zubettgehen sagte sie zur Mutter, es sei schade, dass man die Zeit nicht anhalten könne, denn sie wolle doch noch mehr machen. Sowohl Anja als auch Alexander waren in der Klasse sehr gut integriert.

Unter Forschern und Schriftstellerinnen

Anja und Alexander wiesen einen Wissensvorsprung gegenüber ihren gleichaltrigen Mitschüler/innen auf und hatten noch freie Kapazitäten. Es stellte sich die Frage, ob sie nicht ein Thema in einem speziellen Gebiet, etwa aus der Pflanzen- oder Tierwelt, der Mathematik, den Sprachen oder der Kunst erforschen wollten. Die Eltern und ich stellten daher Antrag um Aufnahme ins Universikum. Alexander zeigte zu Beginn überhaupt kein Interesse, einen Universikumkurs zu besuchen, denn er wollte weder in ein anderes Schulhaus noch zu einer fremden Lehrperson gehen und erst recht nicht zusammen mit Kindern, die er nicht kannte. Anja wollte auf keinen Fall während des Unterrichts fehlen, aus Angst, etwas zu verpassen. Etwas erstaunt über die geringe Begeisterung, liess ich die Sache vorerst einmal auf sich beruhen. Nach einigen Wochen entschloss sich Anja, einen Universikum-Wochenendkurs zu besuchen, da sie so in der Schule nicht fehlen musste. Meine ausdrückliche Zusicherung, ihr immer genau zu erzählen, was wir während ihrer Abwesenheit lernten und dass sie so nichts verpassen würde, vermochte sie nicht genügend zu beruhigen.

    Alexanders Mutter kam eines Tages auf mich zu und fragte mich, ob sie ihn doch für einen Kurs anmelden könne. Zuhause hatte er angedeutet, dass er gerne gehen würde, aber Angst habe vor der Reaktion der Mitschüler/innen. Ein Gespräch beruhigte Alexander, so dass er den Evolutionskurs besuchte. Anja besuchte einen Wochenendworkshop, wo sie «Tipps und Tricks für Schreibwütige» kennen lernen würde. Ich erklärte den Kindern, dass Alexander in einem Kurs sei und dass wir ihn am nächsten Tag fragen würden, was er dort gelernt habe. Auf die Frage, wie es ihm gefallen habe, antwortete Alexander: «Es war blöd». Er wollte unter keinen Umständen von seinem Kurs erzählen. Anja kam in die Schule und zeigte von sich aus den Kindern die Geheimschriften und wie man sie entzifferte. «Es war lässig», sagte sie. Die beiden Kinder besuchten weiterhin die Kurse, auch Alexander, dem es eigentlich nicht gefiel. Eines Tages brachte Alexander gesammelte Heuschrecken, Kellerasseln und Käfer mit. Die Kinder bestaunten besonders die grosse, grüne Heuschrecke und Alexander strahlte. Auf die Frage nach der Funktion des Regenwurmes im Boden antwortete er: «Das ist doch klar. Sie fressen im Boden kleine Tierchen und dann kommt wieder frische Erde heraus.» Im Kurs bekam Alexander viele Anregungen. Seither beobachtete er seine Umwelt genauer und sammelte alles, was er im Keller oder draussen an Kleinlebewesen fand, untersuchte sie genauestens und liess sie nachher wieder frei. Als ich in der Schule den Künstler Hundertwasser vorstellte, packte Anja die Schreibwut. Zu ihrem selbst gewählten Bild schrieb sie eine Geschichte, an der sie über einige Monate hinweg arbeitete. «Ich kann einfach nicht mehr aufhören», sagte sie, «mir kommt immer wieder etwas in den Sinn». Sie nahm ihre Geschichte in den Universikum-Wochenendkurs mit, wo ihr die Lehrerin wertvolle Anregungen und literarische Tricks zu ihrem Schreibstil geben konnte. Mit Stolz las sie ihre noch unfertige Geschichte der Klasse vor, die ihr bewundernd und mit viel Geduld zuhörte. «Was, so viel kannst du schreiben?» fragten sie. Anja schreibt eben gerne und das ist für sie nichts Besonderes.

Spüren, wem ein Kurs gut tut
Für mich schien klar, dass beide Kinder gerne einen Universikumkurs besuchen würden. Doch musste ich erstaunt feststellen, dass dies bei Alexander zu Beginn nicht der Fall war. Ein unbekannter Ort, neue Mitschüler/innen, eine neue Lehrperson und die Ungewissheit, was ihn dort erwartete, machten ihm Angst. Im Universikumkurs konnte er aber die Erfahrung machen, dass er dort mit der gleichen Leichtigkeit wie bisher Neues erfahren und lernen konnte. Die Biologie, hier im Speziellen die Evolutionslehre, sprachen ihn sehr an und gaben ihm neue Anregungen. Nachdem Alexander mit einer Schachtel Heuschrecken aus dem Universikumkurs zurückkehrte, gelang es mir, ihn für ein eigenes Projekt zu gewinnen. Ich stellte ihm die Aufgabe, im Umkreis des Schulhauses nach Lebewesen Ausschau zu halten, sie zu bestimmen und nach eigenen Kriterien zu klassifizieren. Nach kurzem Zögern entschloss er sich, diesen Versuch zu machen, suchte Käfer, Ameisen, Würmer und Spinnen und bestimmte sie anhand von Büchern. Nachdem er sich einmal auf das Projekt eingelassen hatte, zeigte er grosse Freude, zeichnete, notierte und sortierte engagiert seine Karten mit den Kleintieren. Der Kurs war für ihn Anstoss, um sich an eigene Projekte heranzuwagen. Er entdeckte und lernte viel. Nach dem Kurs beobachtete er seine Umwelt genauer und begann sie zu erforschen.

Auch Anja konnte sehr profitieren, denn sie vertiefte sich in die Geheimnisse der Sprache und lernte verschiedene Schreibstile kennen. Ihr Ehrgeiz und Perfektionismus liessen es zunächst nicht zu, während des Unterrichts einen Kurs zu besuchen. Der Wochenendworkshop entsprach ihr deshalb voll und ganz. Sie besuchte die Kurse mit Begeisterung und brachte neu erlerntes Wissen in die Klasse ein. Anja und Alexander kamen zudem mit anderen Kindern in Kontakt, die mit grosser Freude und im gleichen Tempo wie sie lernten.

Bei beiden Kindern standen die Eltern überzeugt hinter den Kursen und begleiteten sie. Ich brachte immer wieder zum Ausdruck, dass die Kinder im Regelunterricht nichts verpassen würden. Trotzdem zeigen die beiden Beispiele, wie gut und genau abgeschätzt werden muss, ob und für welche Kinder die Universikumkurse geeignet sind.

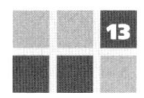

Einblick in einen Universikumkurs
Silja Rüedi

Eine geeignete Lernumgebung schaffen
Das Universikum möchte dem hochbegabten Kind vertiefte Konzentration und emotionale Hingabe an seine Arbeit ermöglichen, indem «die Lerninhalte altersgemässe Aktivität bieten. Das Kind entdeckt dabei etwas neues (auch über sich selber) und erlebt bewusst seinen Fähigkeitszuwachs. (...) [Das] wird ermöglicht durch: Anforderungen, die auf den aktuellen Entwicklungsstand des Kindes abgestimmt sind; Wahlfreiheit und Autonomie; klares Feedback; Möglichkeit zur Selbstkontrolle der eigenen Tätigkeit; klare Ziele und Instruktionen; kreative Aspekte im Tun» (vgl. S. 104). Als Lehrperson schaffe ich im Universikumkurs eine Lernumgebung, welche Anreize für eine intensive Auseinandersetzung mit einem Thema bietet. Den Kindern stehe ich beim Forschen und Lernen begleitend zur Seite. Die Herausforderung besteht meines Erachtens darin, den Kindern vielfältige und individuelle Zugangsmöglichkeiten zu eröffnen, aber auch den systematischen Aufbau von neuen Inhalten zu ermöglichen. So können die Kinder ihre Stärken und Interessen entdecken und ihr Wissen und Können vertiefen. Ergänzend zu den oben erwähnten Anforderungen an Universikumkurse liegt mir daran, eine Lernumgebung zu schaffen, welche die Zusammenarbeit der Kinder fördert, sie ihnen nahe legt. Vor einigen Jahren habe ich entdeckt, dass sich das Thema Roboter für diese Art von Unterricht ausgezeichnet eignet, weil die Kinder es von sehr unterschiedlichen Seiten her betrachten können. Ich werde am Ende meines Artikels noch einmal darauf zurückkommen. Zunächst werde ich aufzeigen, wie die Kinder im Universikumkurs «Roboter bauen und programmieren» arbeiten.

Grosse Herausforderung und viel Geduld
Laura und Lea sind zwei sehr unterschiedliche achtjährige Mädchen. Laura ist klein, beobachtet und überlegt lange, bevor sie etwas anfängt. Lea ist für ihr Alter gross, weiss genau, was sie will und sagt das auch. In den letzten fünf Wochen des Kurses haben Laura und Lea eine Gemeinsamkeit gefunden: Ihren Ehrgeiz, die komplizierte Glacémaschine zu bauen und zu programmieren. Erst nach längerer Evaluation wählten sie aus einer Reihe von Möglichkeiten dieses Projekt zusammen aus. Zur Auswahl standen beispielsweise ein automatischer Tresor, ein motorisierter Rollstuhl, eine Ampel und ein Förderband. Sie zögerten bei der Glacémaschine, weil sie am kompliziertesten aus-

sah. Aber jetzt sind sie dabei, die vielen Sensoren, Motoren und andern Legoteilchen zusammenzusuchen. Laura und Lea nehmen zusammen mit zehn andern Jungen und Mädchen im Alter zwischen acht und zehn Jahren am Universikum-Roboterkurs teil. Wie die anderen Kinder arbeiten sie im Moment an einem Projekt ihrer Wahl. Die einen haben ein Projekt mit einer Bauanleitung ausgewählt. Andere möchten eine eigene Idee umsetzen.

Inzwischen stehen Lea und Laura kurz vor dem Aufgeben. Die Abbildungen der Anleitung zur Glacémaschine sind nicht eindeutig. Die beiden brauchen ein wenig Unterstützung, um dieses Hindernis zu überwinden. Zudem beklagt sich Laura, Lea nehme ihr immer alles aus der Hand und wolle es selber machen. Nach kurzer Diskussion treffen sie die Vereinbarung, dass pro Bauetappe jeweils die eine die Teile zusammensucht und die andere baut und sie beim nächsten Schritt die Funktionen tauschen. Nun bauen sie einträchtig und konzentriert an ihrer Glacémaschine; nach einigen Stunden haben sie es geschafft und sind sehr stolz auf das Resultat.

Nun ist das Programmieren an der Reihe. Dazu brauchen sie meine Einführung. Sie bereiten das Programmieren vor, indem sie alle Funktionen der Maschine auflisten und jede einzelne in die kleinsten möglichen Bewegungen zerlegen. Der Einstieg ist mühsam, denn das heisst, die ganze Maschine zu analysieren. Aber die beiden haben Spass an dieser Arbeit und sind sehr bald damit fertig. Der nächste Schritt besteht darin, die einzelnen Funktionen in eine logische Reihenfolge zu bringen. Logisch heisst, dass die beiden sich in die Benutzerinnen und Benutzer der Glacémaschine hineinversetzen und überlegen müssen, wie die Bedienung der Glacémaschine ablaufen sollte: Geld einwerfen; Sirenenton abwarten; Glacésorte auswählen; warten, bis die Glacé aus der Maschine kommt. Wir programmieren gemeinsam, bis uns die Köpfe rauchen und die Glacémaschine funktioniert. Die beiden Mädchen strahlen. Sie haben es geschafft. Ihr Meisterstück hat am Ende des Kurses funktioniert. Weil sie noch Zeit haben, schreiben und zeichnen sie eine Gebrauchsanweisung. Beide finden, eigentlich sei es nicht so schwierig gewesen, wie sie am Anfang gedacht hätten. Lea hat inzwischen den Entschluss gefasst, später einmal Ingenieurin zu werden.

Diese Lernsituationen stammen aus dem zweiten Teil eines Roboterkurses, der in zwei Phasen gegliedert ist. Ziel der ersten Phase ist es, die Legosteine und Komponenten von Lego® Mindstorms™ kennen zu lernen sowie die ersten Programmierkenntnisse zu erwerben. Es wechseln sich Inputs von der Seite der Lehrperson mit eigenem Ausprobieren ab. Um z.B. das Prinzip der Über- und Untersetzung mit Hilfe von Zahnrädern zu verstehen, gibt es einfache Lernaufgaben, nach denen die Kinder ihre Konstruktionen ausrichten. Sie fangen mit dem Bau eines einfachen Gefährts nach Anleitung an: Vier grosse Räder, zwei Motoren, ein programmierbarer Legostein und zusätzliche Legoteile für die Konstruktion. Ist das Gefährt bereit, programmieren sie es Schritt für Schritt und erlernen dabei die Grundprinzipien und Grundbegriffe des Programmierens. Wir gehen dabei so vor, dass die Kinder ihr Gefährt mit der Hand manipulieren und genau beobachten, welche Teile sich wie bewegen: Was passiert, wenn das Gefährt geradeaus fährt? Was macht das linke und was das rechte Rad, wenn das Gefährt eine Kurve beschreibt? Wie geschieht eine Richtungsänderung? Sie versuchen, die Bewegungen in ihre kleinsten Einheiten zu zerlegen und in die richtige Reihenfolge zu bringen. Diese Sequenzen sind die Grundlage für das Programmieren der gesamten Bewegung.

Nach dem systematischen Aufbau der Grundkenntnisse können die Kinder individueller und selbstständiger arbeiten. Der allgemeine Instruktionsanteil der Lehrperson wird ganz klein, dafür stellt sie den Kindern verschiedene Lernaufgaben bzw. Projekte zur Auswahl, die sie selbstständig planen, konstruieren und programmieren. Je sicherer die Kinder sich fühlen, desto eher wagen sie sich von vorgegebenen Aufgabenstellungen weg, um mit eigenen Ideen Konstruktionen zu entwickeln und zu programmieren.

Teamarbeit schreiben wir gross
Die Kinder erkennen im Roboterkurs rasch, dass sie mit Vorteil zusammenarbeiten. Weil kaum eines alles kann, geht es darum, sich gegenseitig zu ergänzen. Die Kinder lernen nicht nur ihre eigenen Stärken kennen; sie lernen auch, diese Stärken in ein Team einzubringen. Erfahrungsgemäss läuft das in den seltensten Fällen auf Anhieb einwandfrei. Es gibt manche Reibereien und Auseinandersetzungen, bis sich die Kinder aufeinander eingestellt haben. Dennoch arbeiten sie fast alle lieber miteinander, d.h. in Tandems oder Dreiergruppen, als allein.

Kinder, die nicht in Gruppen arbeiten konnten, durften in meinem Unterricht auch für sich alleine arbeiten. In der Regel war es so, dass sie mit der Zeit doch noch eine Art loser Zusammenarbeit mit andern Kindern eingingen. Das war auch beim 10-jährigen Martin so. Martin fiel mir vom ersten Moment an auf. Er konnte kaum ruhig sitzen, konnte sich mit provokativen Kommentaren nicht zurückhalten und machte auch sonst alles, um die Aufmerksamkeit auf sich zu lenken. Martin fiel aber auch auf durch seine überdurchschnittlich rasche Auffassungsgabe und sein Allgemeinwissen. Meine erste Reaktion war, dass Martin keine Privilegien erhalten sollte. Er sollte mit Philipp ein Tandem bilden. Die beiden arbeiteten jedoch nicht wirklich zusammen. Martin war sehr ungeduldig, fühlte sich durch Philipp blockiert und nahm ihm die Dinge aus den Händen, um sie zu beschleunigen. Das Tandem blockierte nicht nur Martin, sondern auch Philipp. Um der Qual ein Ende zu bereiten, trennte ich die beiden. Martin legte voller Elan alleine los und Philipp schloss sich einer andern Gruppe an, in die er sich gut einbringen konnte. Martin arbeitete jeweils an mehreren Projekten gleichzeitig und stellte sie in Rekordzeit fertig. Wenn er allerdings mit dem Programmieren an seine Grenzen stiess, gab er auf. In seinen Pausen interessierte er sich für die Projekte der andern Kinder, und er hatte die Idee, dass sie ihre Projekte miteinander kombinieren könnten. So baute er beispielsweise ein Förderband, das Legosteine auf den ferngesteuerten Lastwagen eines andern Teams beförderte. Ich machte Martin darauf aufmerksam, dass er immer, wenn er mit Programmieren nicht weiterkam, ein neues Projekt anfing, ohne mich vorher um Hilfe anzufragen. Das nahm er sich zu Herzen. Er kam und fragte. Ich setzte mich zu ihm und wir schauten das Problem an. Erstaunlicherweise brauchte es ganz wenig, dass Martin den Ehrgeiz entwickelte, auch das Programmieren ganz zu Ende zu bringen.

Die Rolle der Lehrperson
Ich sehe mich als Lehrerin im Universikum hauptsächlich als Lernhelferin und nur zu Beginn auch als Stoffvermittlerin. Wo liegt der Unterschied?

Die Neueinsteigerinnen und Neueinsteiger in das komplexe Gebiet der Robotik muss ich in der ersten Phase mit den wichtigsten Konzepten und Grundlagen der Konstruktion und des Programmierens von Lego-Robotern vertraut machen. In dieser Phase ist es mir wichtig, dass die Kinder bereit sind zuzuhören, zuzuschauen und selber nachzubauen. So entwickeln sie in kurzen Sequenzen die ersten grundlegenden Fertigkeiten.

In der zweiten Phase des Roboterkurses arbeiten die Kinder schrittweise selbstständiger, während ich schrittweise zur Lernhelferin werde. So gebe ich den Kindern zunächst einmal einen Rahmen vor, der aus dem Thema, den entsprechenden Materialien (z.B. Legosteine) sowie Bauanleitungen und Aufgabenstellungen besteht. Ich beobachte ihr Vorgehen und frage nach, ob sie meine Unterstützung brauchen. Zudem können sie jederzeit von sich aus kommen und Fragen stellen. Wenn ich ein bestimmtes Vorgehen oder Verhalten beobachte, das sie am Fortschritt hindert, spreche ich sie darauf an. Das kann das Vorgehen beim Problemlösen, die Teamarbeit, das eigene Verhalten oder auch Anregungen auf der inhaltlichen Ebene betreffen. Zum Beispiel Martin, der sich gar nicht bewusst war, dass er bei Schwierigkeiten beim Programmieren aufgibt. Oder Lea und Laura, die anfänglich nicht zusammenarbeiten konnten. Oder die Frage, wie man vorgeht, wenn man einen Roboter programmieren oder ein mechanisches Problem lösen will. Wichtig dabei ist, dass ich als Lehrperson oder eben Lernbegleiterin den Kindern ihr

Glacemschine

1) Geld einlassen

2) dann drücken ein oder zwei mal

3) Wenn ein mal drücken = Vanille

3) Wenn zwei mal drücken = Erdber

Achtung! Nach Geld einlass sofort drücken

Achtung! Nur ein oder zwei mal drücken

Achtung! Bei laufen von Sirene nicht weg rennen

Gebrauchsanweisung für die Glacémaschine von Laura und Lea, 8 Jahre

Problem nicht aus der Hand nehme, sondern sie bei der Lösung unterstütze. Ich stelle Fragen, erinnere sie an bereits Gelerntes und rege sie zum Weiterdenken an. Die Verantwortung für die Lösung bleibt dabei immer bei den Kindern.

Vielseitiges Lernen
Die Erkenntnisse mit Lea und Laura und den andern Kindern zeigen, wie gut sich Roboter bauen und programmieren für die spielerische Auseinandersetzung mit der Technik eignet und wie damit neues Wissen und Können aufgebaut werden können. Dabei kann sich die Wahrnehmung der technischen

Umwelt vollkommen verändern. Die Kinder sind nicht mehr nur ahnungslose, technikfremde Anwenderinnen oder Anwender, sondern können selber kleine computergesteuerte Automaten konstruieren und programmieren. Das Verständnis für Einzelheiten weckt in fast jedem Fall das Interesse für weitere Zusammenhänge. Zudem bietet das Thema Roboter weitere vielfältige Möglichkeiten, mit Kindern zu arbeiten, ohne dem regulären Schulstoff direkt vorzugreifen. Logisch-mathematisch interessierte Kinder finden ihre Herausforderungen im Programmieren. Kinder, die sich für mechanische und physikalische Zusammenhänge interessieren, haben ein unendliches Feld vor sich, weil Roboter so konstruiert werden müssen, dass sie funktionieren. Das wiederum braucht räumliches Vorstellungsvermögen und feinmotorisches Geschick. Es genügt nicht, die vielen verschiedenen Arten von Zahnrädchen, Verbindungsteilen, Winkel und Plättchen sowie grossen und kleinen Rädchen kennen zu lernen. Es gilt auch zu lernen, wie und wofür die Teilchen in der Konstruktion dienen. Weil die Roboter in den seltensten Fällen sogleich funktionieren, entwickeln die Kinder ausserdem Sorgfalt, Geduld und Frustrationstoleranz.

Das Thema Roboter bietet sogar noch vielfältigere Möglichkeiten, als dies auf den ersten Blick erscheinen mag: Eng verwandt mit dem Programmieren und Konstruieren ist die Thematik der künstlichen Intelligenz, die zusätzlich
- philosophische Aspekte (was macht den Unterschied zwischen einer intelligenten Maschine und einem Menschen aus?),
- ethische Aspekte (könnte ein Punkt erreicht werden, ab dem auch Roboter Rechte haben werden?),
- soziologische Aspekte (Roboter nehmen den Menschen die Arbeit weg),
- biologische Aspekte (Naturphänomene sind das Vorbild für menschliche Konstruktionen) und
- musische Aspekte (das Thema der menschenähnlichen Automaten wurde über alle Jahrhunderte hinweg immer wieder künstlerisch verarbeitet)

des Roboterbaus eröffnet.

Die Lerngeschichten von Lea, Laura und anderer Kinder zeigen, wie sie in einem Robotikkurs Konzentration und Auseinandersetzung, Wahlfreiheit und Kooperation, Instruktion und Kreativität, kognitive Auseinandersetzung und spielerisches Handeln, Philosophie und Technik erleben können.

Universikum
Das Begabtenfördermodell der Stadt Zürich

Denken heisst überschreiten.
Ernst Bloch

Das Modell Hochbegabtenförderung der Stadt Zürich

Regula Hug

Die Förderung hochbegabter Kinder will die Stadt Zürich als wichtige Aufgabe der Volksschule wahrnehmen, welche allen Kindern – auch solchen aus finanzschwachen oder bildungsfernen Familien, die auf innerschulische Angebote angewiesen sind – die gleichen Entfaltungschancen ermöglicht. Ein besonderes Augenmerk wird auf die begabten Mädchen gerichtet, die oft erst auf den zweiten Blick als begabt oder hochbegabt erkannt werden. Die Verankerung des Universikum in der Volksschule geht vom staatspolitisch und demokratisch begründeten Grundgedanken aus, dass die Volksschule eine Schule für alle Kinder ist (vgl. Vorwort S. 6f. sowie S. 10ff.).

Vor den Ausführungen zum Universikum soll die Vogelperspektive aufzeigen, wie es Eltern und Lehrpersonen mit hochbegabten Kindern ergeht.

Die Psychologin und Coach für Hochbegabtenfragen Ute Ammann-Biesterfeld gibt einen interdisziplinären Überblick – es vereinen sich die Gebiete der Soziologie, Psychologie und Pädagogik – zu den verschiedenen Aspekten der Thematik Hochbegabung. Es ist ein Beitrag zur *Wahrnehmungsunterstützung* bezüglich markanter Verhaltensmuster hochbegabter Kinder, der als *Orientierungshilfe* für die nahen Begleitpersonen gedacht ist: Das sind die Eltern und die Lehrpersonen, das sind die Lehrpersonen, welche zugleich Eltern sind. Wie können sie diesem begabten Kind pädagogisch sinnvoll begegnen, damit es seine Anlagen möglichst harmonisch entwickeln kann?

Hochbegabte Kinder
Eine Systematisierung auf der Basis von 30 Einzelbeobachtungen mit zahlreichen Gesprächen

Ute Ammann-Biesterfeld

Einleitung
Hochbegabung ist, so eindrücklich der Begriff erscheint, auch eine Abweichung von dem, was Menschen als Norm erfahren und begreifen. Sie ist in der Dimension der menschlichen Intelligenz in vergleichbarer Weise abweichend von der Norm, dem «Normalen», wie die Minderbegabung am unteren Ende der Skala, um die sich in neuerer Zeit Sonder- und Heilpädagogik kümmern. Die Hochbegabten können also als eine Gruppe von Menschen mit von der Norm abweichenden Merkmalen verstanden werden, wie auch andere Gruppen von Menschen, welche sich durch gemeinsame Merkmale der Abweichung von der Norm konstituieren lassen, z.B. Behinderte, Migrant/innen, Arme oder auch Spitzensportler/innen, Künstler/innen usw. Es ist also zu fragen, was die spezifische Abweichung der Hochbegabten von der Norm ist, wie sie sich zeigt, welche Reaktionen sie bei der Umwelt auslöst, wie sich die zwischenmenschlichen Interaktionen schon seit frühester Kindheit auf die Identitätsbildung der Hochbegabten auswirkt und welche spezifischen Strategien den Hochbegabten aus diesem Merkmal für ihre Auseinandersetzung mit der Anpassung an die Welt zur Verfügung stehen.

Prozess der Einpassung/Anpassung
Entwicklung des Menschen meint immer auch Einpassung in ein gegebenes soziales Gefüge. Ob damit Familie, Peergroup, Gemeinschaft oder Gesellschaft im Vordergrund steht, ist ausschliesslich eine Frage der Lebensphase.

Über diese Formen der Einpassung und die mögliche Bandbreite der Reaktionen bestehen (durchaus zu Recht) Vorstellungen. Das gilt bereits für das Verhalten und die Reaktionen eines Säuglings und Kleinkindes. Wenn das Verhalten, die Reaktionen ausserhalb dieser Vorstellungen und der Bindung an das Normale liegen, dann entsteht Verunsicherung, gerade auch bei Eltern. Solche Verunsicherungen finden sich – hier bezogen auf die kognitiven Fähigkeiten – im Falle der Hochbegabung genauso wie bei der Minderbegabung. Es ist oben die Rede von Einpassung, Einpassung in ein soziales Gefüge. Der psychologische Terminus hierfür ist Anpassung. Darunter versteht man psychische Mechanismen, die dazu dienen, Erfordernissen und Pressionen der Aussenwelt zu begegnen.

Es gibt verschiedene Anpassungsmechanismen. Einer, der bei hochbegabten Menschen besonders häufig zu Konflikten führt, ist die Rollenidentifikation. Aus der Soziologie wissen wir, was Rolle ist, nämlich ein seitens der Gesellschaft erwartetes und gefordertes Verhalten. Je nach Lebensalter, Geschlecht, Familie, Beruf, Mitgliederstatus innerhalb weiterer Gruppen – z.B. bei Jugendlichen die so wichtigen Peers – und auch Organisationen ist das erwartete Verhalten unterschiedlich codiert.

Die Entwicklung des kindlichen Ich spielt sich niemals in einer konstanten Umwelt ab. Das heisst, im Älterwerden ist das Kind ständig wechselnden gesellschaftlichen Situationen ausgesetzt, an die es sich anpassen muss; es muss Rollenidentifikationen vornehmen. Motiviert ist diese Anpassung durch das Bedürfnis des Individuums, in die Gesellschaft integriert zu sein; mittels der Rollenidentifikation kommt es zu Angstvermeidung. Vermieden wird vor allem die Angst vor Liebesverlust, Ausschluss, Isolierung. Die Erforschung der Anpassung an die Personen der sozialen Aussenwelt ist die Erforschung der frühen Beziehungsformen: In der Kommunikationsweise ist die Anpassung und deren Grad erkennbar.

Nachfolgend werden die markantesten Verhaltensmuster aufgezeigt, die immer wieder bei hochbegabten Menschen vorzufinden sind. Überdurchschnittlich intelligente Kinder lassen sich trotz aller Vielfalt grundsätzlich zwei verschiedenen Gruppen zuordnen.

Das innige Kind
die Denkerin, der Denker im stillen Kämmerlein
Erscheinungsform: Bücherwurm, Junior-Forscher mit Mini-Labor unterm Dach, die kleine Artistin in ihrer Künstlerklause usw.
Dieses Kind beeindruckt mit seiner tiefen Ruhe. Es lebt gern konzentriert-ruhig zurückgezogen. In seinen Tätigkeiten ist es sehr gern ungestört. Es erscheint als so genannter Stubenhocker und entspricht nicht gerade dem Bild, welches in unserer Gesellschaft für Kinder vorgesehen ist. Es fordert mit seiner Abgegrenztheit die Familie heraus. Es entsteht das Gefühl, in der Kontakt- und Unterstützungsbereitschaft nicht geschätzt zu sein – was ein grundsätzliches Missverständnis ist. In einem weit überdurchschnittlichen Masse ist dieses Kind fähig, sich kognitives Wissen selbst anzueignen, und es braucht deshalb nur geringe Hilfe vonseiten der Erwachsenen, sei es in der Familie, sei es in der Schule.

Das expansive Kind
die Draufgängerin, der Draufgänger mit hochgradigem Untersuchungs- und Aktionsdrang

Erscheinungsform: Alles wird zum «Forschungs»-Objekt und somit auseinander genommen oder sonst wie einer Bearbeitung unterzogen; drei, vier verschiedene Tätigkeiten werden parallel durchgeführt.

Im Vergleich mit dem innigen Kind fällt dieses Kind in entgegengesetzter Richtung auf, es liebt die verschiedensten Tätigkeiten und ist dabei sehr gerne unterwegs und in Bewegung. Mit seiner sprudelnden Vitalität ist es kein bequemes Kind, und es bringt gern den Alltag der Familie, häufig auch den in der Schule, durcheinander. Es stört den Rhythmus der andern und wird manchmal als Eindringling empfunden. Mitunter erfolgt aus diesem Grunde vonseiten der Eltern oder auch Lehrpersonen eine Revierverteidigung; der Radius des Kindes wird deutlich verkleinert, das Kind in seiner expansiven Vitalität eingegrenzt. Auf solche Massnahmen reagiert es mit verschärftem Ungestüm. Im negativen Fall entwickelt es Frustrationsverhalten (siehe unten über das gefangene und das appellative Kind).

Ebenfalls zu diesem Typus gehören besonders rhythmisch begabte Kinder, die das gesamte Mobiliar in Perkussionsinstrumente umwandeln, sowie die «Zappel-Bären», die Bewegungs- und Sporttalente, für die Haus und Garten die ideale Akrobatik-Arena darstellen.

Befriedigungen und Freuden Hochbegabter, die von ihnen immer wieder formuliert werden, sind grosse Entwicklungslust, zweckungebundene Neugierpower, Begeisterung an Lern- und Fähigkeitszuwachs, Freude an Intensität und hoher Konzentration und genussvolle Hingabe bis hin zu Glücks- und Leichtigkeitsgefühlen beim Lernen und bei der Anwendung des Könnens. Typische Aussagen dazu sind:
– «Ich konnte den Schuleintritt kaum erwarten»
– «Es gab ja immer so viel zu entdecken» – umgesetztes Neugierverhalten
– «Beim Lernen, Entdecken, Malen, Musizieren blieb die Zeit stehen und es gab nur noch ein grosses Glücksgefühl»
– «Schon als kleines Kind hatte ich richtig Hunger darauf, Sprachen zu lernen».

Allen gemeinsam ist die ausgesprochen ausgeprägte und intensive Lernlust und das durch rasche Auffassungsgabe bedingte, sehr hohe kognitive Tempo. Je nach psychologisch-pädagogischer Begleitung resultieren zwei unterschiedliche Typen hochbegabter, jedoch frustrierter Kinder, die an ungenügendem Entwicklungsanreiz leiden.

Das gefangene Kind
die oder der Schmollende mit subtilem bis ausgeprägtem Abkapselungsverhalten

Erscheinungsform: Das Leiden an der Unterforderung zeigt sich bei diesem Kind in seiner hässig-gereizten, schmollenden Grundstimmung (wieso läuft in dieser Familie nicht genug?) und Befremden, sich im falschen Film zu fühlen.

Im Kind sammelt sich eine grosse Enttäuschungswut. Es zeigt sie nicht offen, sondern bringt sie indirekt zur Darstellung. Aber obwohl seine permanente Unzufriedenheit nicht ausgesprochen wird, registriert die Umgebung seinen stummen Vorwurf dennoch genau. Er lässt in den Eltern und je nachdem auch in den Lehrpersonen das Angst auslösende Gefühl entstehen, nicht zu genügen. So kommt es zu Überforderungsstress aufseiten der Erwachsenen, der schwer zu ertragen ist und deshalb häufig abgewehrt wird durch Umkehr-Botschaften an das Kind: «Nicht *wir* liegen falsch, die Lehr- und Erziehungspersonen, sondern *du* liegst falsch!»

Das appellative Kind
die Rebellin, der Rebell mit hochkarätigen Störaktionen

Erscheinungsform: Dieses Kind fällt auf durch sein Protest-Verhalten; es interveniert mittels aktivem Widerstand.

Seine Grundstimmung ist frustriert-zornig. Es wendet seine Wut aber nicht nach innen, sondern richtet sie gezielt nach aussen. Es ist ein sich auflehnendes Kind, das Eltern und in der Regel auch Lehrpersonen aus ihren routinierten Bahnen holt, sie aufschreckt und Verärgerung bei ihnen auslöst. Es streut kräftig Sand ins Getriebe und beschert der Aussenwelt genau das Dilemma, an welchem es selber leidet: Es möchte ungehindert im eigenen Tempo funktionieren dürfen. Die Schwierigkeit der Familie und oft auch der Lehrpersonen im Umgang mit diesem Kind ist der inszenierte Machtkampf. Zu spüren, dem Kind im Grunde nicht gerecht zu werden, ist gefühlsmässig eine grosse Herausforderung. Diese hat in der Regel beachtlichen Unmut gegenüber dem Kind zur Folge. Die Versuchung, mittels Disziplinierung des Kindes einer Auseinandersetzung auszuweichen, ist gross und doch kein Ausweg, da durch diese Massnahme keinesfalls das als störend empfundene Verhalten des Kindes aufgelöst werden kann.

Bei überdurchschnittlich intelligenten Kindern sind also grundsätzlich zwei Typen erkennbar: Das innige und das expansive Kind. Da die Natur jedoch stets variantenreich ist, sind immer auch Mischformen anzutreffen, wie beispielsweise der innige Bücherwurm, der auch ein stürmischer Komponist

ist, oder die quirlige Akrobatin, die mit grösster Ausdauer in ihrer Künstler-Klause die schönsten Bilder hervorzaubert, und auch weitere Kombinationen. Diese Anlagen bleiben ein Leben lang erhalten.

Auch bei den an Unterforderung leidenden überdurchschnittlich intelligenten Kindern ist eine Unterscheidung in grundsätzlich zwei Gruppierungen möglich: Verhaltensreaktion mit entweder nach innen gewendeter oder nach aussen gerichteter Wut – das gefangene und das appellative Kind. Ein immer noch vorherrschendes Muster bei Mädchen ist die nach innen gerichtete Frustrationsaggression. Die Knaben greifen bei Unterforderungsfrust viel eher zu appellativem Verhalten. Variantenreichtum ist hier ebenfalls vorzufinden, nämlich Symptomatik bis hin zu Depression und auch psychosomatischen Störungen. Bei erzieherischer Begegnung und Unterricht auf *adäquatem Niveau* lösen sich jedoch die Frustration des Kindes und damit sein angespanntes Verhalten sehr rasch und nachhaltig auf.

Hürden, denen Hochbegabte begegnen
Da sich überdurchschnittlich begabte Menschen deutlich vom so genannten Durchschnitt, dem «Normalfall» unterscheiden, sind bezüglich sozialer Durchmischung Konflikte vorprogrammiert. Devianz kann bis zu Stigmatisierung führen. Im Folgenden werden diejenigen Erschwernisse benennt, welche bei den Hochbegabten eine grosse Rolle spielen:
- Häufige Langeweile im sozialen Gefüge sowie Mangelanregung in durchschnittlichen Diskussionen mit weit langsamer denkenden Menschen;
- Die Erschwernis, Freunde zu finden, da man leicht missverstanden bis gar nicht verstanden wird;
- Fremdheitsgefühl, Einsamkeitsgefühl.

Typische Aussagen von Hochbegabten dazu sind:
- «Wenn ich meinem Interesse freien Lauf liess, wurde mir Strebertum vorgeworfen»;
- «Während des Ingenieur-Studiums begegnete ich wiederholt der Frage, warum ich als Frau studiere»;
- «Überall war ich anders, von früh auf fühlte ich mich heimatlos. Meine Rettung war ein um zehn Jahre älteres, benachbartes Ehepaar; sie schätzten den Austausch sehr und verstanden mich immer»;
- «Zum Glück lernte ich im Konfirmationsunterricht eine neue Freundin kennen, die ebenfalls Literaturfan war und die auch schon den grossen Philosophen begegnet war».

In der Interaktion treten häufig auf: Decouragierung, Etikettierung und Ausgrenzung, Unverständnis, Unterforderung und Mangelanregung. Hier braucht das Kind pädagogische Begleitung mit dem Bemühen, in seinem Umfeld so gut wie möglich für Akzeptanz seiner Andersartigkeit und Toleranz gegenüber seiner Hochbegabung zu sorgen. Um im Austausch wirklich gefordert zu sein und angeregt zu werden, benötigen hochbegabte Menschen vor allem andere hochbegabte Menschen oder auch Kontakt zu Mitmenschen mit einem Altersvorsprung.

Da Hochbegabung eine Abweichung von der Norm ist, verunsichert sie, wie jede andere Abweichung auch, obwohl Hochbegabung an sich ein Geschenk ist. Eltern, welche das Glück eines begabten oder gar hochbegabten Kindes haben, werden sich darüber freuen können. Sie erhalten durch die Schule die Chance, ihr Kind seinen Fähigkeiten entsprechend fördern zu können. Wenn ihre Beziehung und ihre Erziehung auf dieser Freude beruhen und weder Neid und Rückstufung, noch falscher Ehrgeiz und übermässige Ansprüche das Kind in seiner Entwicklung behindern, wird es auch seine sozialen Fähigkeiten optimal entwickeln können. Wenn diesem Kind adäquate Lernsituationen angeboten werden, so wird es seine Anlagen harmonisch entfalten können.

Wie sehen nun mögliche, für hochbegabte Schülerinnen und Schüler adäquate Lernsituationen aus? Der nachfolgende Beitrag über die angewandte Pädagogik im Universikum gibt einen Einblick, wie die Schulung dieser Kinder gestaltet werden kann.

Die Pädagogik im Universikum

Regula Hug

Lehrerinnen und Lehrer, die in der Begabungsförderung unterrichten, möchten wissen, wie optimales Lernen geschieht. Die Erkenntnisse aus der Hirnforschung – einem relativ jung erforschten Gebiet – zeigen auf, wie wichtig eine bewusste und zeitgemässe Pädagogik ist. Sie sind wegweisend für die kognitive, d.h. geistige und intellektuelle Entwicklung jedes Individuums.

Piaget suchte zu ergründen, wie der Mensch zu Wissen über die Welt gelangt (kognitive Entwicklungspsychologie). Er ging davon aus, dass das Kind seine Welt, sein Denken und Wissen selbst konstruiert. Für ihn war es wichtig, dass das Kind aktiv sein und sich der Umwelt anpassen soll. Seine Stadientheorie hingegen ist unvollständig – er unterschätzte die (normal begabten) Kinder in ihrer kognitiven Leistung. Für hochbegabte Kinder im Vorschulalter hatte und hat dies beachtliche Folgen der Unterforderung. Reformpädagoginnen und Reformpädagogen wie Montessori oder Peterson haben die konkrete Anwendung einer begabungsfördernden Pädagogik erprobt und ausformuliert, die heute auch durch die Hirnforschung belegt wird.

Eine Pädagogik, welche die Erkenntnisse der Kognitionspsychologie berücksichtigt, interessiert sich für die Frage, wie ein Stoff vermittelt werden kann, damit der grösstmögliche Lerneffekt erreicht wird. Dies geschieht mit der Aktivierung beider Hirnhemisphären. Da im herkömmlichen Unterricht vorwiegend die linke Hemisphäre angeregt wird, ist es für Lehrerinnen und Lehrer wichtig zu erfahren, wie *durch gefühlshaftes Spüren und Erfahren* auch die rechte Hemisphäre aktiviert werden kann. Diese Erkenntnisse gelten für alle Lernenden. Bei Hochbegabten sind sie besonders wichtig, da die Umwelt leider zu oft distanzierend (einseitig linkshemisphärisch) auf diese dynamischen Kinder reagiert. Bei einem Schulbesuch kann viel an der Aktivitätsverteilung im Unterricht abgelesen werden: Wenn die Lehrperson doziert, die Kinder zuhören, reproduzieren und für sie der Experimentierraum fehlt, dann ist der Lerneffekt minimal. Aus diesem Grund hat in der begabungsfördernden Pädagogik die *Aktivität der Kinder Priorität*, durch *eigenmotiviertes, eigenaktives Ausprobieren und Erfahren*.

Wie das Kind arbeitet
Kinder, die selber reflektieren, wollen *wissen, wie das Arbeiten geht*. Sie möchten in Strukturen selber arbeiten und den Überblick haben. Im Universikum kann das hochbegabte Kind in seinem aktuellen Interessengebiet *Neues entdecken*. Die Lerninhalte ermöglichen ihm altersgemässe Aktivität, tiefe Konzentration und emotionale Hingabe an seine Arbeit. Die Anforderungen sind *auf seinen aktuellen Entwicklungsstand* abgestimmt. Es darf sein *Lernobjekt frei wählen* und seine Aufgabe selbständig und ohne festgelegte Zeitvorgaben in *selbsttätiges Handeln* umsetzen. Es erhält *klares Feedback* und die Möglichkeit zur *Selbstkontrolle* der eigenen Tätigkeit.

Wie die Lehrerin, wie der Lehrer arbeitet
Damit hochbegabte Schülerinnen und Schüler ihre Anlagen harmonisch entfalten können, brauchen sie adäquate Lernsituationen (vgl. Mosaiksteine 4 und 13). Das Kind selber ist aktiv – die Lehrperson assistiert als Mentor/in und wirkt als Bindeglied zwischen dem Kind und seinem Interessengegenstand. Sie beobachtet das Kind in seinem Tun und findet heraus, was es braucht. Sie formuliert für das Kind klare *Ziele und Instruktionen*, welche auch *kreative Aspekte* im Tun eröffnen. Die Lehrperson führt in das Fach ein, definiert den Rahmen, in welchem die Kinder ungehindert ihren Wissensdurst stillen können, und freut sich an ihrer Entdeckungslust und ihrer unermüdlichen Entwicklungsenergie. Ein gefühlshafter Kontakt untereinander bettet das Kind in eine lebendige Gemeinschaft ein. Die Lehrerin, der Lehrer kann sich in die Situation der Kinder einfühlen und legt den Rahmen fest, in welchem sie sich frei bewegen können. Dieser Rahmen bezieht sich auf den sorgsamen Umgang mit dem Unterrichtsmaterial und auf das soziale Verhalten der Kinder untereinander. *Gegenseitige Achtung* unterstützt das Entwickeln von sozialen Kompetenzen.

Für die Unterrichtsgestaltung im Universikum gliedert die Lehrperson ihr Kursfach nach Elementen und Etappen. Sie führt in das Kursthema ein, bleibt im Hintergrund und die Kinder erarbeiten die Elemente:
1. *Themenwahl:* Woran willst du arbeiten?
2. *Informationsbeschaffung:* Wie kommst du zu deinen Informationen?
3. *Festlegen von Ziel und Endprodukt:* Welches Produkt möchtest du erstellen?
4. *Erstellen eines Zeitrasters:* Wie gestaltest du deine Arbeit zeitlich? In welchen Etappen gehst du vor?
5. *Abschluss:* Was hast du während deiner Arbeit erfahren und entdeckt?

So verknüpfen sich das Lernen und Üben immer mit einem Sinn. Auf ihrem eigenen Lernweg tauschen sich die Lehrerinnen und Lehrer im Universikum viermal pro Jahr aus und reflektieren ihre eigene Arbeit. Wenn das Zusammenspiel dieser Elemente gelingt, d.h. die Kinder auf ihrem Niveau arbeiten, treffen oft die *Polarisation der Aufmerksamkeit* (Holtstiege, 2004, 180ff.) oder der *Flow-Effekt* (Csikszentmihalyi, 1996) ein.

Die Wahlfachkurse Universikum

Das Schul- und Sportdepartement der Stadt Zürich bietet für hochbegabte Schülerinnen und Schüler der städtischen Volksschule (1.–9. Klasse) die gesamtstädtischen Wahlfachkurse Universikum an. Diese richten sich an diejenigen 2% der Kinder, welche trotz differenzierenden Massnahmen im Klassenverband zusätzliche Anregung brauchen.

Hochbegabte Vorschulkinder können im Kindergartenverband von anreichernden, bei Bedarf auch beschleunigenden Massnahmen profitieren (Früheinschulung, Überspringen der ersten Klasse). Mit Genehmigung durch die Schulpflege dürfen solche Kinder im Sinne einer interessenorientierten Pädagogik erste Elemente von Kulturtechniken kennen lernen.

Hochbegabte Schülerinnen und Schüler bleiben in der Regelklasse und besuchen zusätzlich einen Universikumkurs, den sie aus einem geistes- und/oder naturwissenschaftlichen Fächerangebot selber auswählen. Im Universikum können hochbegabte Schülerinnen und Schüler mittels aktiv entdeckendem Lernen ihr Wissen in einem selber gewählten Stoffgebiet vertiefen und erweitern (Eigenaktivität). Sie können hier in ihrem eigenen Tempo arbeiten und über die Quartiergrenzen hinaus Freundschaften mit ähnlich begabten Kindern schliessen (vgl. S. 97ff.). Nicht wenige Kinder erleben in ihrem Universikumkurs einen Entwicklungsschub, welcher von der Klassenlehrperson als intellektuelle Entspannung und soziale Reifeentwicklung wahrgenommen wird. Die Universikumkurse finden in der Regel an einem halben Tag pro Woche während des Unterrichts statt. Zusätzlich können ausserschulische Universikumkurse am Mittwochnachmittag, Samstagmorgen und in den Schulferien angeboten und weitere Kursangebote entwickelt werden. Der Standort der Kurse soll nach Möglichkeit zentral und gut erreichbar sein. Die Teilnehmer/innenzahl der Universikumkurse entspricht etwa der Grösse einer Kleinklasse.

Damit dem Pflichtstoff möglichst nicht vorgegriffen wird, bietet das Universikum kognitive Fachgebiete ausserhalb des Kantonalen Lehrplans an. Aufgrund periodisch erhobenen Kinderinteressen werden die Kursinhalte altersgemäss ausgewählt (vgl. S. 103f.).

Für die Beobachtung der Klasse steht den Lehrpersonen der Stadt Zürich eine Liste mit Merkmalen zur Verfügung, welche auf Hochbegabung hinweisen können (vgl. S. 108ff.). Sie basiert auf dem Beobachtungsbogen, welchen Joëlle Huser im Auftrag der Stadt Zürich erarbeitet hat (vgl. Huser, 2001) und wurde vom Schul- und Sportdepartement nach einem heuristischen Ansatz weiterentwickelt, das heisst aus der Beobachtung der Praxis (vgl. Hug, 2002). Wenn Eltern und Kind damit einverstanden sind, stellt die Klassenlehrperson bei der Fachstelle Begabungsförderung Antrag auf Aufnahme ins Universikum. In komplexen Fällen wird der Schulärztliche oder der Schulpsychologische Dienst beigezogen. Die Schulpflege erteilt den für den Universikumkursbesuch während des Klassenunterrichts erforderlichen Teildispens (vgl. S. 116).

Liste mit Merkmalen, die auf Hochbegabung hinweisen können

Hochbegabte sind wie alle Menschen Teil der Gemeinschaft und möchten dies auch so erleben dürfen. Dies kann leicht zu einer Negierung der «Besonderheit» führen, das heisst die besondere Begabung wird verdeckt (vgl. S. 100).

Checklisten mit Merkmalen von Hochbegabung beinhalten lediglich Hinweise und Indizien für besondere Begabungen und Hochbegabung und sind kein Diagnoseinstrument: Tests und Abklärungen bietet der Schulpsychologische Dienst an. Die Stadt Zürich hat sich für eine «Liste mit Merkmalen, die auf Hochbegabung hinweisen können» entschieden, weil sie den Lehrpersonen beim *Beobachten der Schulkasse* und beim *Erkennen von besonderen Begabungen oder von Hochbegabung* behilflich sein möchte. Das Formular für den Antrag um Aufnahme ins Universikum kann bei der Fachstelle Begabungsförderung bestellt werden.

Symptome von lang andauernder Unter- oder Überforderung dürfen nicht mit Merkmalen von Hochbegabung verwechselt werden. Wenn bei einem Kind neben teilweise sehr guten Schulleistungen folgende Erscheinungsformen in einem ausgeprägten Masse auftreten, ist vor einer allfälligen Anmeldung ins Universikum eine Schulpsychologische Abklärung im Einverständnis der Eltern angezeigt, damit weitere Probleme erkannt resp. ausgeschlossen und je nach Ergebnis spezifisch zugeschnittene Massnahmen ergriffen werden können:
– depressives, apathisches Verhalten, Tagträumerei, Überanpassung;
– aggressives, forderndes oder clownhaftes Verhalten;
– psychosomatische Symptome oder häufiges Fehlen wegen Krankheit, Kopfweh oder Bauchschmerzen.

Hohes Tempo und schnelle Auffassung
1. Frühlesen
Das Kind hat vor Schuleintritt aus eigenem Antrieb lesen und schreiben gelernt. Frühes eigenmotiviertes Lesen und Schreiben sind verlässliche Zeichen von besonders begabten Kindern. Doch auch bei Kindern, die bei Schuleintritt noch nicht lesen können, sind hohe Fähigkeiten möglich.

2. Frührechnen
Das Kind hat vor Schuleintritt aus eigenem Antrieb rechnen gelernt. Frühes eigenmotiviertes Rechnen ist ein verlässliches Zeichen von besonders begabten Kindern. Doch auch bei Kindern, die bei Schuleintritt noch nicht rechnen können, sind hohe Fähigkeiten möglich.

3. Schnelle Auffassungsgabe und Neugierpower
Das Kind ist an neuem Lernstoff interessiert und versteht neue Zusammenhänge auffallend schnell. Es ist neugierig und hat einen grossen Wissensdurst.

4. Orientierung an älteren Kindern und an Erwachsenen
Das Kind orientiert sich an älteren Kindern oder Erwachsenen. Es kann bei Gesprächen lange, neugierig und interessiert zuhören. Oder es übernimmt Aufgaben, die normalerweise Erwachsene tun (Übersetzen bei Elterngesprächen, Haushaltführung, Geschwisterbetreuung, auf Ämter gehen, Einzahlungen machen usw.).

Freudvolle Intensität, Konzentration, Hingabe an die eigene Tätigkeit
5. Gedächtnisfähigkeit
Das Kind hat ein ausgesprochen gutes Kurz- und Langzeitgedächtnis. Es erinnert sich an Details oder kann Geschichten wörtlich wiedergeben.

6. Eigenmotivation
Das Kind ist vom eigenen Fähigkeitszuwachs begeistert und befriedigt. Es beschäftigt sich wesentlich länger als Gleichaltrige mit Dingen, die Ausdauer erfordern (Puzzles, Knobelaufgaben usw.), und zeigt eine lange Aufmerksamkeitsdauer. Es kann sich in intellektuelle Aufgaben vertiefen und geht diese mit grosser Hartnäckigkeit und Konzentration an, so dass es nicht mehr wahrnimmt, was um es herum geschieht, und es kann dabei die Zeit völlig vergessen.

Interesse an komplexen Zusammenhängen, parallele Tätigkeiten
7. Kritische Einstellung
Das Kind hat die Fähigkeit, die eigenen Leistungen realistisch zu beurteilen. Es stellt hohe Ansprüche an sich selbst und gibt sich mit einer nicht perfekten Arbeit nicht so schnell zufrieden.

8. Vorliebe für schwierige Aufgaben
Stehen mehrere Aufgaben und Problemstellungen zur Auswahl, so entscheidet sich das Kind für diejenigen, die es wirklich herausfordern; oder das Kind bearbeitet mehrere Aufgaben oder Interessengebiete parallel (falls es sich nicht herausgefordert fühlt, entscheidet es sich für das Minimum).

9. Beschäftigung mit sozialen, politischen, philosophischen und ökologischen Fragen
Das Kind beschäftigt sich mit Fragen über Religion, Umwelt und Gerechtigkeit. Es macht sich Gedanken zu philosophischen und komplexen Sinnfragen. Es interessiert sich für Umwelt- und Gesellschaftsfragen. Es nimmt Themen aus Erwachsenengesprächen auf, macht sich Sorgen und Gedanken dazu und formuliert diese auch.

Entwicklungslust und Neugierpower
10. Drang nach Selbstständigkeit
Das Kind entwickelt eigene Lösungsansätze und will diese selbstständig umsetzen.

11. Qualität der Fragen
Das Kind stellt Fragen, die Einsichtstiefe, unkonventionelles Denken und gedankliche Verknüpfungen aufzeigen, die für seine Altersstufe unüblich sind. Es hat nicht selten das Gefühl, anders zu sein und von den Gleichaltrigen nicht verstanden zu werden.

12. Künstlerische Originalität
Das Kind zeigt eine aussergewöhnliche Erfindungsgabe bei der Verwendung von alltäglichen Materialien. Es benutzt sie auf unübliche Weise oder setzt sie für ganz andere Zwecke ein. Dies weist auf Kreativität, Originalität und Problemlösungsfähigkeit hin. Oft zeigen diese Kinder im zeichnerischen und gestalterischen Sinn eine ausgeprägte Vielfalt.

13. Sinn für Humor
Das Kind hat einen ausgeprägten Sinn für Humor. Es findet Situationen lustig, die Gleichaltrige nicht spassig finden. Es liebt Witze, Wort- und Gedankenspiele und erfindet ebenso gerne solche.

Sprachliche Gewandtheit
14. Grosser Wortschatz
Das Kind hat einen grossen und differenzierten Wortschatz. Es benutzt Wörter, die gleichaltrige Kinder oft nicht verstehen, und setzt diese präzise ein.

15. Fremdsprachenerwerb
Kinder, die eine Fremdsprache schnell erlernen, lassen eine hohe sprachliche Kompetenz erkennen. Häufig können diese Kinder auch gut Dialekte nachahmen.

16. Ausdrucksfähigkeit
Das Kind drückt sich sprachlich und grammatikalisch korrekt und sicher aus. Es erkennt sprachliche Gemeinsamkeiten und Unterschiede. Kinder mit hohen sprachlichen Fähigkeiten sind häufig richtige Leseratten und wählen Bücher aus, die ältere Kinder oder sogar Erwachsene interessieren. Diese Kinder lieben es auch, in Lexika (keine Kinderlexika) nachzulesen.

Mathematisch-logisches Denken
17. Quantitatives Denken
Kinder, die quantitativ denken können, haben schon früh einen ausgesprochen differenzierten Begriff von Mengen und Grössen (Hälfte, mehr, weniger, schwerer, leichter).

18. Vorliebe für die Zahlenwelt
Mathematisch denkende Kinder zählen mit Wonne Gegenstände aus eigenem Antrieb und fragen nach höheren Zahlen. Sie spielen leidenschaftlich gerne mit Zahlen und ordnen Gegenstände nach Grössen.

19. Mathematische Auffassungsgabe
Das Kind begreift mathematische Aufgaben sehr schnell und findet häufig unkonventionelle Lösungswege. Es ist mathematisch intuitiv, überspringt Zwischenschritte und findet eigene Lösungswege. Es kann aber oft nicht sagen, wie es auf die Lösung gekommen ist.

20. Abstraktions- und Denkvermögen
Das Kind kann gut abstrahieren und das Gelernte auf andere Situationen übertragen. Es begreift schnell abstrakte Modelle. Bei der Beschäftigung mit geometrischen Figuren wie Tangram oder Puzzles zeigt es hohe Fähigkeiten, die ein räumliches Denkvermögen voraussetzen.

Sozialkompetenz

21. Beobachtungs- und Wahrnehmungsfähigkeit
Das Kind beobachtet ausgesprochen differenziert, was sich unter den Kindern einer Gruppe abspielt. Es hat ein sensibles Sensorium für die Befindlichkeit von andern oder sich selbst. Es kann Erlebtes oder Gespräche sehr genau kommentieren oder analysieren.

22. Soziale Anpassung
Hochbegabte Kinder spüren und erleben oft, dass sie anders sind als ihre Kameradinnen und Kameraden und dass sie schneller und leichter denken können. Um nicht ausgeschlossen zu werden, passen sie sich der Gruppe bewusst an. Sie möchten möglichst nicht auffallen und nicht ausgegrenzt werden.

23. Führungskompetenz
«Zug-Pferdchen» zeigen eine ausgeprägte Sozialkompetenz. Sie übernehmen in der Klasse oft Führungsfunktionen und brillieren durch ein grosses Organisationstalent. In den Arbeitsgruppen leiten und strukturieren sie das Geschehen.

24. Gerechtigkeitssinn – Sensibilität
Das Kind hat ein feines Sensorium für Konflikte und Spannungen in Gruppen und Beziehungen. Es empfindet einen starken Drang nach Gerechtigkeit und bietet sich deshalb in Konfliktsituationen vermittelnd an.

Tüftlerdrang

25. Informationstiefe und Informationsbreite
Das Kind eignet sich in bestimmten Sachgebieten wie z.B. Weltall, Natur, Dinosaurier, Kunst oder Informatik ein umfangreiches Wissen an. Damit ist oft eine Sammelleidenschaft verbunden. Sowohl Informationstiefe wie Informationsbreite sind Indikatoren für Neugierde, effektives Langzeitgedächtnis und die damit verbundenen Problemlösungsfähigkeiten.

26. Naturkundliche Themen
Das Kind ist an naturkundlichen Themen wie Wasser, Tiere, Pflanzen, Wetter, Umwelt, Steine und Phänomenen wie Erdbeben oder Lawinen stark interessiert. Es versucht, die Natur zu verstehen. Sein Wissen kann sich das Kind auch durch selbstmotiviertes Lesen von ausgewählter Fachliteratur aneignen.

27. Physikalische, technische und chemische Abläufe

Das Kind ist fasziniert von allen Arten von Experimenten mit Elektrizität, Technik, Flüssigkeiten usw. Es beschäftigt sich mit Fragen zu Planeten, Atomenergie, Fotografie und kreiert gerne eigene neue Experimente.

Verfahren beim Überspringen

Das Überspringen zählt zu den beschleunigenden Massnahmen (vgl. S. 17 ff. und S. 50) und «ist für schulleistungsstarke Schülerinnen und Schüler, die in mehreren Leistungsfächern weit vorne sind und die unter dieser Situation zu leiden beginnen, positiv – sie gehen nach dem vorzeitigen Übertritt in die nächsthöhere Klasse mit mehr Freude zur Schule. Für hochbegabte Kinder wird das Überspringen – je nach Gesamtsituation – wenig nachhaltigen Erfolg bringen, immerhin verkürzt sich dadurch die Verweildauer in der Volksschule.» (Bähr, 2002).

Das Überspringen kann grundsätzlich auch während des Schuljahres erfolgen. Entscheidend für den Erfolg des Überspringens ist die intensive Zusammenarbeit mit der künftigen Klassenlehrperson, damit sie den Integrationsprozess aktiv begleiten kann.

Überspringen ohne Klassenwechsel
Beim Überspringen ohne Klassenwechsel in der Volksschule wird formal übersprungen, das Kind bleibt aber in der angestammten Klasse und hat auf diese Weise keinen unnötigen Bezugsgruppenwechsel. Der Stoff der nächsthöheren Klasse wird individualisiert vermittelt. So kann z.B. die Unter- oder die Mittelstufe statt in drei in zwei Jahren durchlaufen werden. Diese Möglichkeit bedingt das Einverständnis der Lehrperson, da sie mit dem Kind einen individuellen Lehrplan zusammenstellen muss. Ansonsten gelten dieselben Bestimmungen wie beim Überspringen mit Klassenwechsel.

Schnittstelle Kindergarten – Primarschule
Vorzeitige Einschulung (§40, 51 Volksschulverordnung des Kantons Zürich)
1. Gesuch der Eltern
2. Bericht der Kindergärtnerin
3. Schulpsychologische/schulärztliche Abklärung
4. Entscheid der Schulpflege.

Überspringen der 1. Klasse (§12 Promotionsreglement des Kantons Zürich)
1. Gesuch der Eltern
2. Das Kind besucht die angestrebte Klasse während mindestens zwei Wochen

3. Bericht der Kindergärtnerin sowie der Lehrperson der künftigen Klasse; der Schulpsychologische Dienst kann beigezogen werden
4. Entscheid der Schulpflege[6]
5. Provisorische Promotion bis Ende November.

Klassenüberspringen auf der Primar- und Oberstufe
(§12 Promotionsreglement des Kantons Zürich). Im seltenen Fall des Überspringens innerhalb der Oberstufe gelten die gleichen Bestimmungen wie auf der Primarstufe.
1. Gesuch der Eltern
2. Bericht der Lehrperson; der Schulpsychologische Dienst kann beigezogen werden
3. Entscheid der Schulpflege[7].

Schnittstelle Primarschule – Sekundarstufe I oder II
Überspringen der 6. Klasse resp. der 1. Sekundarklasse
(§12 Promotionsreglement, Übertrittsverordnung des Kantons Zürich)
1. Gesuch der Eltern
2. Bericht der Lehrperson; der Schulpsychologische Dienst kann beigezogen werden.
3. Verfahren gemäss Übertrittsverordnung
4. Entscheid der Schulpflege[8].

Springen von der 5. Primarklasse ins Gymnasium
(§1a Aufnahmereglement Kantonaler Mittelschulen des Kantons Zürich)
1. Gesuch der Eltern
2. Bericht der Lehrkraft
3. Abklärung 1: Schulpsychologischer Dienst
4. Empfehlung der Schulpflege bis Ende Dezember
5. Abklärung 2: Neutrale Abklärungsstelle (z.B. Universität)
6. Anmeldung zur Aufnahmeprüfung bis 15. März
7. Entscheid der Schulleitung betreffend Zulassung zur Aufnahmeprüfung aufgrund von Unterlagen
8. Bestehen der Aufnahmeprüfung.

---

[6] Die Schulpflege kann eine schulpsychologische Abklärung veranlassen
[7] siehe Fussnote 6
[8] siehe Fussnote 6

Klassenüberspringen innerhalb des Gymnasiums
(§15 Promotionsreglement für die Gymnasien des Kantons Zürich)
Das Überspringen in Gymnasien ist in Ausnahmefällen bis spätestens zwei Jahre vor Abschluss der Mittelschulzeit möglich. Die Bewilligung erteilt der Gesamtkonvent, die Promotion erfolgt provisorisch und wird nach einem Semester definitiv.

Verfahren bei Dispensationen
Teildispens (§60 Volksschulverordnung des Kantons Zürich). Die Dispensationen können einzelne Tage oder Wochen, bestimmte Lektionen oder einzelne Fächer betreffen. Der Teildispens kann durch die Schulpflege widerrufen werden.
1. Gesuch der Eltern oder Antrag der Lehrperson
2. Entscheid der Schulpflege.

Anhang

Glossar

Akzeleration	Wird bei allgemein hohen Schulleistungen eingesetzt, z.B. Schnellzugklassen, Früheinschulung, Überspringen
Anreicherung	Erweiterung und Vertiefung des Pflichtstoffs oder von Interessengebieten des Lernenden. Siehe auch *horizontale* und *vertikale Anreicherung*
Basisstufe	Zusammenlegung von Kindergarten und den ersten beiden Primarschuljahren
Beschleunigung	Vgl. *Akzeleration*
Compacting	kompakt = gedrängt; kurz gefasst; das Wesentliche zusammenfügend (Duden, 2001), vgl. *Verdichtung*
Devianz	Abweichung von der Norm
Enrichment	Vgl. *Anreicherung*
Freiarbeit, Freie Arbeit, Freies Lernen	Unterrichtssequenzen mit einer freien Wahl von Lerninhalt, Zeit und Sozialform
Grouping	Gruppenbildung
Grundstufe	Zusammenlegung von Kindergarten und der 1. Primarklasse
Heterogenität	Ungleichartigkeit; Verschiedenartigkeit; Uneinheitlichkeit (Duden, 2001)
Homogenität	Gleichartigkeit; Einheitlichkeit; Geschlossenheit (Duden, 2001)
Horizontale Anreicherung	Stofferweiterung ausserhalb des Lehrplans
Individualisierung	Unterrichtsplanung, welche von den individuellen Lernbedürfnissen des einzelnen Kindes ausgeht

Integration	Wiederherstellung eines Ganzen; Wiederherstellung einer Einheit aus Differenziertem; Vervollständigung; Einbeziehung, Eingliederung in ein grösseres Ganzes (Duden, 2001)
ISF	Integrative Schulungsform, die Sonderklassen als separierende Form ersetzt oder ergänzt
Lernatelier	Raum, in dem den Kindern begabungsfördernde Materialien zur Verfügung stehen
Lernsetting	Lernsituation, Lernarrangement
lernzieldifferenzierter Unterricht	Schulunterricht, der für die Schülerinnen und Schüler unterschiedliche Ziele setzt
Metakognition	Gewahrwerden und Erkennen der eigenen kognitiven Vorgänge
Minderleistung	Ein Kind erbringt geringere Schulleistungen, als dies seinem kognitiven Entwicklungsstand entspricht
Mittelstufe	Im Kanton Zürich: 4.–6. Schuljahr, Primarklassen für etwa 9–12-Jährige
Oberstufe	Im Kanton Zürich: 7.–9. Schuljahr, Sekundarklassen für etwa 12–15-Jährige (nach neun Schuljahren endet die obligatorische Schulpflicht)
Peergroup	Bezugsgruppe mit gleicher oder ähnlicher Interessenlage und ähnlicher sozialer Herkunft
Primarschule	Im Kanton Zürich: Die ersten sechs Schuljahre für etwa 6–12-Jährige
Pull-out	Kinder verlassen zur Förderung ganz oder teilweise die Regelklasse
Reformpädagogik	Vor der Wende vom 19. zum 20. Jh. einsetzende Vielfalt von Ansätzen zur Erneuerung von Schule, welche die Aktivität und Kreativität des Kindes fördern will und sich gegen ausschliesslich dozierende Wissensvermittlung wendet (Böhm, 1994; Duden, 2001)
Schulische Heilpädagog/innen	Lehrpersonen mit einer heilpädagogischen Zusatzausbildung
Sekundarschule	Im Kanton Zürich: 7.-9. Schuljahr für etwa 12-15 Jährige. Anschluss: Berufslehre, Diplommittelschule oder Kurzgymnasium mit Matura

Separation	Absonderung; Gebietsabtrennung (Duden, 2001)
Teamteaching	Gemeinsam durch ein Team erteilter Unterricht (in der Regel zwei Lehrpersonen)
Unterstufe	Im Kanton Zürich: 1.–3. Schuljahr, Primarklassen für etwa 6–9-Jährige
Verdichtung	Komprimieren des Pflichtstoffs, in der Regel zu Gunsten von Anreicherung, vgl. *Compacting*
Vertikale Anreicherung	Vertiefung des Regelklassenstoffes
Werkstattunterricht	Aufgaben für verschiedene Lernniveaus, Fächer oder Altersgruppen, welche im Turnus absolviert werden
Wochenplanunterricht	Lernplan mit Vorgaben, die innerhalb einer oder mehrerer Wochen erledigt sein müssen

Literaturverzeichnis

Ammann, Lillemore; Bähr, Konstantin. *Überspringen einer Klasse. Zwischenbericht für das Schuljahr 1998/99*. Bildungsdirektion des Kantons Zürich (Hrsg.), 2000 (abrufbar unter www.begabungsfoerderung.ch).

Ammann, Lillemore; Bähr, Konstantin. *Überspringen einer Klasse. Zwischenbericht für das Schuljahr 1999/2000*. Bildungsdirektion des Kantons Zürich, (Hrsg.), 2001 (abrufbar unter www.begabungsfoerderung.ch).

Bähr, Konstantin. «Der schwierige Weg in die Schule. Erfahrungen von Überspringenden an der Schnittstelle Kindergarten – Volksschule. Überspringen von Schulstufen und Jahrgangsklassen.» *Journal für Begabtenförderung. Für eine begabungsfreundliche Lernkultur.* Überspringen von Schulstufen und Jahrgangsklassen 2/2002. Innsbruck: Studienverlag, 2002, S. 39–46.

Bildungsdirektion des Kantons Zürich, Generalsekretariat Bildungsplanung. *Hochbegabtenförderung im Kanton Zürich. Bericht der Arbeitsgruppe*. Zürich, 2002 (abrufbar unter www.begabungsfoerderung.ch).

Bless, Gérard; Kronig, Winfried. «Im Schatten der Integrationsbemühungen steigt die Zahl der Sonderklassenschüler stetig an.» *Schweizer Schule* 2 (2000), S. 3–12.

Böhm, W. *Wörterbuch der Pädagogik* (14. überarbeitete Auflage). Stuttgart: Alfred Kröner Verlag, 1994.

Bründler, Markus; Spitzer, Beat. «Förderliche Voraussetzungen bei der Durchführung von Akzelerationsmassnahmen.» *Begabungsförderung in der Volksschule – Umgang mit Heterogenität.* Schweizerische Koordintionsstelle für Bildungsforschung SKBF (Hrsg.). Aarau: SKBF, 1999, S. 147–150.

Csikszentmihalyi, Mihaly. *Das Flowerlebnis. Jenseits von Angst und Langeweile: im Tun aufgehen.* Stuttgart: Klett-Cotta Verlag, 1996.

Duden Band 5: Das Fremdwörterbuch. Mannheim: Bibliographisches Institut & F.A. Brockhaus AG, 2001.

EDK-Ost Arbeitsgruppe Begabtenförderung (Hrsg.). «Definition und Klärung der Begrifflichkeiten.» *2. Zwischenbericht der Arbeitsgruppe Begabungsförderung der Erziehungsdirektorenkonferenz der Ostschweizer Kantone und des Fürstentums Liechenstein.* Rorschach 2000, S. 4–7 (abrufbar unter www.begabungsfoerderung.ch).

Gasser, Peter. *Neue Lernkultur. Eine integrative Didaktik.* Aarau: Sauerländer Verlage, 1999.

Gretler, Armin; Grossenbacher, Silvia. «Vorwort.» *Begabungsförderung in der Volksschule – Umgang mit Heterogenität.* Schweizerische Koordinationsstelle für Bildungsforschung SKBF (Hrsg.). Aarau: SKBF, 1999, S. 5–9.

Hofstetter, Heidi. *Altersgemischtes Lernen. Die heterogene Lerngruppe – eine Chance.* Video/DVD. Bottighofen: Hofstetter Multimedia GmbH, 2003.

Holling, Heinz.; Kanning, Uwe P. *Hochbegabung. Forschungsergebnisse und Fördermöglichkeiten.* Göttingen: Hogrefe, 1999.

Hug, Regula. «Begabtenförderung erfolgreich umsetzen – das Fördermodell der Stadt Zürich.» *Journal für Begabtenförderung. Für eine begabungsfreundliche Lernkultur.* Modelle und Massnahmen zur Begabtenförderung 1/2002. Innsbruck: Studienverlag, 2002, S. 12–17.

Huser, Joëlle. Lichtblick für helle Köpfe. *Ein Wegweiser zur Erkennung und Förderung von hohen Fähigkeiten bei Kindern und Jugendlichen auf allen Schulstufen.* Zürich: Lehrmittelverlag des Kantons Zürich, 2001.

Holtstiege, Hildegard. *Modell Montessori – Grundsätze und aktuelle Geltung der Montessoripädagogik.* 13. erweiterte Auflage, Freiburg: Herder, 2004.

Schweizerische Koordinationsstelle für Bildungsforschung (Hrsg.) *Begabungsförderung in der Volksschule – Umgang mit Heterogenität.* Trendbericht SKBF, NR. 2. Aarau: SKBF, 1999.

Sonderegger, Jürg. «Erster Förderort ist der Unterricht: Allgemeindidaktische Einführung.» *Begabungsförderung in der Volksschule – Umgang mit Heterogenität.* Schweizerische Koordinationsstelle für Bildungsforschung SKBF (Hrsg.). Aarau, SKBF, 1999, S. 45–60.

Stamm, Margrit: *Frühlesen und Frührechnen als soziale Tatsachen? Leistung, Interessen, Schulerfolg und soziale Entwicklung von Kindern, die bei Schuleintritt bereits lesen und/oder rechnen konnten.* Eine Längsschnittstudie von 1995 – 2008. Kantone AG, AR, BL, GL, St. Gallen, Deutschwallis, Schwyz und Fürstentum Liechtenstein. Fortsetzung unter dem Titel «FLR 2008». Aarau: Institut für Bildungs- und Forschungsfragen (Hrsg.), 2003.

Stamm, Margrit. «Schlussbericht über die externe wissenschaftliche Evaluation: Zusammenfassung.» *Begabtenförderung in Volksschulklassen der Stadt Zürich, Pilotprojekt 1998 bis Sommer 2001.* Zürich: Schul- und Sportdepartement (Hrsg.), 2001.

Stapf, Aiga. *Hochbegabte Kinder. Persönlichkeit, Entwicklung, Förderung.* München: Verlag C. H. Beck, 2003.

Strittmatter, Anton. «Kooperative Fördermassnahmen brauchen Schulteams.» *Begabungsförderung in der Volksschule – Umgang mit Heterogenität.* Schweizerische Koordinationsstelle für Bildungsforschung SKBF (Hrsg.). Aarau: SKBF, 1999, S. 156–169.

Wittmann, Erich Ch.; Müller, Gerhard N. *Handbuch produktiver Rechenübungen.* Stuttgart: Ernst Klett Schulbuchverlag, 1990.

Bildnachweis

Seite 28	E. Denzler
Seite 29	E. Denzler
Seite 30	E. Denzler
Seite 34	W. Fessler, J. Willimann
Seite 38	S. Stampfli
Seite 43	F. Landau
Seite 46	F. Landau
Seite 47	F. Landau
Seite 48	F. Landau
Seite 55	B. Baumann
Seite 56	B. Baumann
Seite 57	B. Baumann
Seite 58	B. Baumann
Seite 70	B. Steiner
Seite 92	S. Rüedi

Internetseiten

Begabungsförderung konkret

Fachstelle Begabungsförderung Stadt Zürich und Universikum:
www.universikum.ch

Journal für Begabtenförderung:
www.studienverlag.at/titel.php3?TITNR=1064

Kanton Thurgau:
www.begabungsfoerderung-tg.ch

Schweizerisches Netzwerk Begabungsförderung:
www.begabungsfoerderung.ch

Herausgeberinnen

Pädagogische Hochschule Zürich:
www.phzh.ch

Schul- und Sportdepartement der Stadt Zürich:
www.ssd.stzh.ch

Institute, Weiterbildungen

Institut für Bildungs- und Forschungsfragen:
www.ibf-stamm.ch

Intensivseminar zur Begabungsförderung in der Schule:
www.wingsseminar.ch

Nachdiplomkurs zur Begabungsförderung:
www.hfh.ch

Organisationen

Elternverein Hochbegabter Kinder:
www.ehk.ch

European Council for High Ability:
www.echa.ws

Mensa Switzerland:
www.mensa.ch

Schweizerische Studienstiftung:
www.studienstiftung.ch

Stiftung für das hochbegabte Kind:
www.hochbegabt.ch

Stiftung Schweizer Jugend forscht:
www.sjf.ch

World Council for Gifted and Talented Children:
www.worldgifted.org

Autorinnen und Autoren

Ute Ammann-Biesterfeld, 1944, ist seit 1975 Psychoanalytikerin in Zürich. Sie studierte Psychologie, Soziologie und Pädagogik in Köln und arbeitet in eigener Praxis als Psychologin und Coach mit Schwerpunkt Hochbegabung und Kunst.

Elsbeth Denzler, 1949, ist Primarlehrerin und Praktikumslehrerin und unterrichtete von 1971 bis 2003 an der Unterstufe in Zürich. Ein zweijähriges Nachdiplomstudium zum Thema «Lehren und Lernen» schloss sie mit der Forschungsarbeit «Mathematik – Anfangsunterricht ohne Lehrmittel» ab.

Susanne Halter, 1966, arbeitet als Primarlehrerin an einer Schule mit Mehrjahrgangsklassen in Winterthur. Sie studierte Psychologie und Sonderpädagogik in Zürich.

Franziska Landau, 1969, ist seit 2001 Universikumlehrerin in Zürich. Sie studierte Visuelle Kommunikation, Fachbereich Illustration an der Hochschule für Gestaltung und Kunst in Luzern. Dort schliesst sie 2004 ihr Nachdiplomstudium in Kunstvermittlung ab.

Mariann Magyarovits, 1957, ist seit 1992 Primarlehrerin in Zürich. Sie bildete sich in Kursen des Schul- und Sportdepartements der Stadt Zürich in der Begabtenförderung sowie in der Kunstvermittlung an der Universität Bern weiter.

Elisabeth Müller, 1950, Primarlehrerin, Diplompädagogin und Enrichmentspezialistin, ist seit 1971 auf der Primarschulstufe tätig. Seit 1997 unterrichtet sie als Schulische Heilpädagogin, zuerst im Kanton Zürich und seit 2001 in Birmenstorf AG. Seit 2002 in der Lehrerbildung engagiert.

Silja Rüedi, 1965, arbeitete bis 2003 als Universikumlehrerin und ist heute in der Erwachsenenbildung tätig. Nach dem Studium der Rechtswissenschaften mit Rechtsanwaltspatent 1993 in Zürich eröffnete sie 1997 eine Computerschule für Kinder. Seit 1999 studiert sie Erziehungswissenschaften an der Uni Zürich mit den Schwerpunkten Problem-Based Learning und E-Learning.

Fachredaktorin

Barbara Baumann, lic.phil, unterrichtete fünf Jahre als Lehrerin auf der Unterstufe. Sie absolvierte berufsbegleitend die Ausbildung für musikalische Früherziehung am Konservatorium in Winterthur. Anschliessend studierte sie an der Universität Zürich Pädagogik, Sonderpädagogik und Psychopathologie des Kindes- und Jugendalters. Sie arbeitet derzeit an der Hochschule für Heilpädagogik als Lehrbeauftragte und ist an der Bildungsdirektion des Kantons Zürich im Projekt «Neue Schulaufsicht» als wissenschaftliche Mitarbeiterin tätig. In dieser Funktion ist sie verantwortlich für die Vorbereitung, Durchführung und Auswertung von externen Schulevaluationen. Sie wirkt bei der Erarbeitung und Erprobung von Schulqualitätsstandards und den dazugehörigen Beurteilungsinstrumenten mit.

Herausgeberinnen

Prof. Dr. **Christine Böckelmann**, Psychologin und Fachpsychologin für Psychotherapie FSP. Nach Berufstätigkeit als Kindergärtnerin, Instrumentallehrerin und Schulpsychologin arbeitete sie an der Beratungsstelle für Lehrerinnen und Lehrer am Pestalozzianum Zürich, wo sie Einzel-, Gruppen- und Teamsupervisionen durchführte. Sie begleitete zahlreiche Schulgemeinden bei der Entwicklung von lokalen Konzepten der Begabtenförderung und führte schulinterne Weiterbildung zur Thematik der Begabtenförderung durch. Heute leitet sie die Abteilung Bildung und Erziehung an der Pädagogischen Hochschule Zürich. Weitere Arbeitsschwerpunkte: Theoretische Grundlagen psychosozialer Beratung, Personalentwicklungskonzepte im Bildungsbereich sowie Qualitätsmanagement in Profit- und Nonprofit-Organisationen.

Regula Hug, Primarlehrerin und dipl. NPO-Managerin VMI. Während ihres 17-jährigen Engagements in der Primarschule konnte sie sich ein fundiertes Knowhow in den Bereichen Differenzierung im Unterricht, Schulentwicklung und multikulturelle Integration erarbeiten. Derzeit arbeitet sie als Fachstellenleiterin Begabungsförderung beim Schul- und Sportdepartement der Stadt Zürich. Regula Hug erarbeitete für die Stadt Zürich eine umfassende Expertise zur Vielschichtigkeit der Thematik hochbegabte Kinder. Es ist ihr gelungen, gemeinsam mit dem Projektteam eine Sensibilisierung für die Hochbegabtenförderung auszulösen, welche positive Auswirkungen auf den Unterricht vieler Lehrerinnen und Lehrer hat. Seit 2003 vertritt sie die Schweiz im World Council for Gifted and Talented Children.